MW00514351

DO NOT AWAKEN THEM WITH HAMMERS

Eastern European Poets Series Nº 12

DO NOT AWAKEN TH

:M WITH HAMMERS

POEMS BY Lidija Dimkovska

TRANSLATED FROM THE MACEDONIAN BY
Ljubica Arsovska & Peggy Reid

UGLY DUCKLING PRESSE / BROOKLYN, NY

Copyright © 2006 by Lidija Dimkovska
Translation Copyright © 2006 by Ljubica Arsovska & Peggy Reid
All rights reserved.

The author is grateful to the editors of *The American Poetry Review*,
Absinthe, *Common Knowledge*, *The Café Review*, and *In Our Own Words*,
in which sections of this book have appeared.

Distributed by:

      SPD / Small Press Distribution
      1341 Seventh Street
      Berkeley, CA 94710

www.spdbooks.org

Library of Congress Cataloging-in-Publication Data:

   Dimkovska, Lidija, 1971-
    [Poems. English. Selections]
    Do not awaken them with hammers : poems / by Lidija Dimkovska;
  translated from the Macedonian by Ljubica Arsovska & Peggy Reid.
      p. cm. -- (Eastern European poets series ; #12)
    ISBN-13: 978-1-933254-14-2 (pbk. : alk. paper)
    ISBN-10: 1-933254-14-9 (pbk. : alk. paper)
   1. Dimkovska, Lidija, 1971---Translations into English.
  I. Arsovska, Ljubica, 1950- II. Title. III. Series.
   PG1196.14.I426A2 2006
   891.8'191--dc22

  2006006206

ISBN-13: 978-1-933254-14-2

98765432 first edition in 2006 by:

      Ugly Duckling Presse
      106 Ferris St. 2nd Fl.
      Brooklyn, NY 11231

www.uglyducklingpresse.org

TABLE OF CONTENTS

2   Чесна девојка / Decent Girl

6   Коцка за супа / Bouillon Cube

10   Будимпешта / Budapest

14   Крстозборка / Crossword

18   Совети за одличен успех и примерно поведение /
      Advice for Excellent Achievement and Exemplary Behaviour

22   Mal du Siècle / Mal du Siècle

26   Морфологија на бајката / Morphology of the Fairy Tale

28   Ќелавата пејачка / The Bald Prima Donna

32   Ѕидовите / The Walls

34   Од дневникот на доилката на Константин, син на Елена /
      From the Diary of the Wet-Nurse of Constantine, Helena's Son

38   Нешто во врска со Аристотел / Something in Connection
                with Aristotle

42   Обратна перспектива / Reverse Perspective

46   Регенератор / Regenerator

50   Поемата на почетокот / The Poem at the Beginning

54   Венценосец / The Laureate

58   Алое Вера / Aloe Vera

60   Поетската законитост на бракот / The Poetic Law of Marriage

64   Расправа за плодноста / A Treatise on Fertility

68   Тек на свеста / Stream of Consciousness

72   Евангелие по себе / Gospel According to Self

78   Естира и Аман: амстердамски летопис / Esther and Haman:
                Amsterdam Chronicle

82   Жените испраќаат поздрави / The Women Send Their Regards

84   Смртта на лилјакот / The Death of the Bat

86   Нобел против Нобел / Nobel vs. Nobel

90   Грицкалка за нокти / Nail Clippers

94   Наградна игра / Contest

98   pH неутрална за 'рбетот / pH Neutral for the Spine

102   Пост-признание / Post-Recognition

106   Поетика на животот / The Poetics of Life

ЧЕСНА ДЕВОЈКА

Го однесов во "Second Hand" погледот во иднината,
но никој не сака да го купи. Мрежата е бодликава,
а херои повеќе нема. Тагата е чисто физичка болка.
Ако нема вода, пушти ја очната течност
закачена за очилата. Ако не носиш очила,
преправај се дека си Кинеска (едно око кон исток
плус едно кон запад е еднакво на женско писмо
во машко општество). Модата на ориенталците
се враќа во пакет со диететска храна.
Благослови ме и мене додека сум се уште
чесна девојка. Утре-задутре ќе ја изгубам грешноста,
ќе носам везени кошули од Етнографскиот музеј
на Македонија, а некој треба да ги плати.
За да преживееме, најдобро е лекторскиот стан
да го претвориме во галерија. Ќе изложуваме
раширени вени, исушени папоци, очни мрежи
и скршени срца правопропорционални
со јужно-американските серии
(кажи зошто ме остави и со сестра ми ти се ожени),
а тагата е чисто физичка болка
и во мојата земја се лекува со хируршка интервенција.
Овде ја препознавам по болката во показалецот
пресуден во ширењето на мобилната телефонија.
Не знам зошто тетин ми не ме тепал во вреќа,
во овие години најдобро е некој друг
да ти ја пресече папочната врвца, а јас
не се плашам од Вирџинија Вулф,
јас се плашам од Лидија Димковска. Си чул за неа?

2

DECENT GIRL

I took my perspective of the future to a thrift store
but nobody would buy it. The net is prickly
and there are no more heroes. Sorrow is purely physical pain.
If there's no water, let the eye-fluid hanging on the glasses drop.
If you wear no glasses, pretend you are Chinese
(one eye looking eastward and one looking westward
equals *écriture féminine* in a male society).
The fashion of the Orientals
comes back in a package of diet food.
And bless me while I'm still a decent girl.
Tomorrow or the next day I'll lose my sinful ways,
I'll wear embroidered blouses from the Ethnographic Museum
of Macedonia, and someone will have to pay for them.
To survive, we'd best turn the lector's apartment
into a gallery. We shall exhibit
varicose veins, dried umbilici, retinas
and broken hearts in direct proportion
to South American soap operas
(tell me why you left me and married my sister),
and sorrow is purely physical pain
cured in my country by surgical operation.
Here I recognize it by the pain in my index finger,
crucial in the expansion of mobile phone networks.
I don't know why my uncle didn't beat me in a sack.
At this age it's best if somebody else
cuts your umbilical cord,
and I am not afraid of Virginia Woolf,
I fear Lidija Dimkovska. Have you heard of her?

Една недокрстена, а сите пријатели и се замонашија,
една нетелесна а сите љубени и останаа неженети.
Една твоја, речиси до исцрпување не-жена,
(можеби спонзорирана од Сорос за да биде нежна?).
речиси до негирање идеја на Медеја, на Јудеја, на неа.
Не, јас не се плашам од бројките 1, 4, 7
во кабинетот за очни болести, ниту од хипотеката
на верските празници, ставот кон Бога што постои ме плаши
на Богот што не постои, а во стравот очите се големи.
Леле колку зборови! Речниците се исплатлива работа,
си седиш дома и си играш: На буква, на буква …!
Отсега ќе зборувам само во ономатопеи,
или подобро, во метаономатопеи. Како и да е,
мило ми е што се запознавме, оче. Да не бев жена,
ќе можевте да ми се исповедате. Но и вака е добро.
Си пиеме чај, си ги грицкаме еден на друг ноктите
и се оближуваме. Џив-џив! Метаџив-метаџив!

4

A woman not wholly christened,

whose friends have all taken the vow,

the bodiless woman and all those she's loved remain unmarried.

That almost completely non-woman of yours

(likely sponsored by Soros to become tender?)

almost to the negation of the idea of Medea, of Judea, of her.

No, I'm not afraid of the numbers 1, 4, 7 in the eye clinic,

or of mortgages on religious holidays,

what I'm afraid of is the existing attitude of God,

the God who does not exist, and I'm afraid of his great eyes.

Alas, what a multitude of words! Dictionaries are a lucrative job.

You sit at home and play: Something beginning with …!

From now on I shall speak in onomatopoeia,

Or better, in metaonomatopeia.

Be that as it may, it was nice meeting you, Father.

Were I not a woman you could've taken my confession.

But I don't mind this either.

We're having tea, biting each other's nails

and licking our lips. Chirp chirp! Metachirp metachirp!

КОЦКА ЗА СУПА

Самотијата е коцка за супа за една чинија.
Лесно се топи но не исчезнува.
Ти плива во лажицата како разредена киселина
низ душата ти ги собира сите остатоци
од т.н. вечери за двајца
и низ дупчињата на добро изглоданиот сон
ти испушта сè твое вон
но тебе, тебе — не те пушта Она!
Сега сте сами. Ти — само човек, жива беда.
Таа — раскошна полнота, со физички својства:
4% масен екстрат, 27% маснотии,
12% наглутаминат, 45% готварска сол,
рибонуклеотиди, карамел и зачини,
и со мета-физички, би се рекло духовни
врски со твоето его,
а во гранични состојби на постоењето
самата е твое Алтер — его,
човеку, човеку, ќе те исцица на еден ручек
кога си мислиш дека ти неа ја сркаш,
ќе те врзе за себе токму со рибонуклеотидите
и ќе чека смртта во тебе да пркне.
Болките во стомакот не се знакот
ниту биењето во слепоочниците
ниту јадежот во слабините.
Апетитот, лудилото по малата коцка за супа
кога и не си гладен,
хистеријата на отпакувањето,
на фрлањето во зовриена вода,

BOUILLON CUBE

Loneliness is like a bouillon cube for a single plate of soup.
It dissolves easily but doesn't disappear.
It swims in your spoon like diluted acid
and collects from around your soul
the leftovers of the so-called dinner for two
and, through the holes of your well-gnawed dream,
lets out everything that is yours
but you, it won't let you out!
You're alone now. You — nothing but human, living misery.
It — luxurious fullness, with the following physical characteristics:
4% fat extract, 27% vegetable fat,
12% monosodium glutamate, 45% cooking salt,
ribonuclease, caramel and spices,
and with meta-physical — one could say spiritual —
ties with your ego,
and, in extreme states of existence,
it is itself your alter ego.
Man, oh man, it will suck you up at lunch
when you think that you are eating it,
it will tie you to itself with those same ribonuclei
and will wait for the death in you to pop up.
The pain in your belly is not the sign,
nor is the pulsing in your temples,
nor the itch in your groin.
The appetite, the mad craving for that small bouillon cube
when you're not even hungry,
the hysteria of unpacking it,
throwing it into the boiling water,

5 мин. варење — и потем е твоја, само твоја.
Запри тука! Не сркај ја, не пиј ја, истури ја,
бегај од неа, не влегувај во продавници,
не гледај економско-пропагадни пораки,
стави ѝ крст на таа проклета
мала коцка за супа за една чинија.
Време е да дојдеш кај мене на ручек,
во недела кога куќата ми мириса
на штотуку испечена кокошка,
супата е природна, со малку фиде,
моркови, целер, магдонос,
многу витамини, па нека биде
за здравје и за навек нашата средба,
човеку мој, човеку мој,
најпосле, ме препозна ли?

let simmer for 5 minutes — and then it's yours, yours alone.
Stop! Don't eat it, don't drink it, throw it away,
run from it, don't go to grocery stores,
don't watch TV commercials,
put an end to that damned
single serving bouillon cube.
It's time you came to lunch at my place,
on a Sunday when my house smells
of chicken just done,
and the soup is natural, with some noodles,
carrots, celery, parsley,
lots of vitamins.
So let our foregathering
bring us good health and long life,
my man, my man,
at last, do you recognize me?

БУДИМПЕШТА

Да не тргнеше да ја освојуваш празнината
меѓу балконот и Будимпешта,
не ќе те оставев без уво,
не ќе те додржев во растројството на сите нерви,
Рембо не можел да претпостави се,
нека дојде и нека пресуди дали животот е поскап
од еден телевизор, особено што
Романците имаат ПРО ТВ, а Македонците
200 000 бегалци, и дали животот може
да се огради со екран, а љубовта да не се претвори
во јавен настап на дресирани мачки.
Ти должам за секој збор по една лажичка Immunal
а за ноктите — книга песни, за која,
според мислењето на Министерството за култура
број 07-3944/2, се плаќа данок со повластена стапка.
Фантазијата е догма, ја прифаќаш или не.
Атрофија на совеста, а постелата ни е заедничка.
Конецот за чистење заби станува апокалиптичен
кога по секоја цена сакаш да влезеш во Будимпешта,
затворена заради попис.
Трите девојки кои некогаш береле тикви
ти шепкаат на уво: Те посакуваме сега!
Народниот јунак од источниот свет
го надмина Киркегора во тактиките
на дипл. заводник. Западот прислушкува
во холот на црквата: "Чии се овците,
негова е планината" и му става сопки на Бога
на пат кон Будимпешта. Самопослужувањето

BUDAPEST

Had you not set out to conquer the void
between the balcony and Budapest
I wouldn't have left you without one ear,
I wouldn't have held you in a total derangement of nerves.
Rimbaud could not foresee everything.
Let him come and judge for himself
if life is more expensive than a TV set —
particularly as the Romanians have PRO-TV
and Macedonians have 200,000 refugees —
and if life can be fenced in by a TV screen without turning love
into a public performance of trained cats.
I owe you a small spoon of Immunal for every word
and for your nails — a book of poems on which,
according to decree No. 07-3944/2
issued by the Ministry of Culture, a reduced tax shall be paid.
Fantasy is a dogma, you accept it or you don't.
Atrophy of conscience, and our bed is shared.
The dental floss becomes apocalyptic
when you decide to get to Budapest or bust,
but it's closed for inventory.
The three girls who once picked pumpkins
whisper in your ear: I want you!
The folk hero of the Eastern World
has outdone Kierkegaard in the tactics of Seducer, B.A.
The West eavesdrops in the church vestibule —
"To him that belong the sheep belongs the mountain" —
and trips God on the way to Budapest.
Self-service is confirmed individuality. You can even eat raw meat

е потврдена индивидуалност. Можеш да јадеш и живо месо
а никој да не ти пререче. Атрофија на совеста, љубен,
бебиња што разбираат санскрит, а врескаат на старогрчки.
Хомер, Је те манљуе ! Уште колку долго ѕидовите
ќе бидат ѕидови, само дерматолозите знаат,
но молчат. Што, не знаеше дека сум масонка?!
Само кулата на Хелдерлин ќе не спаси
од асистентките-готвачки по литература.
Да, но да не тргнеше да ја освојуваш празнината
меѓу балконот и Будимпешта, не ќе те оставев
без уво, не ќе те оставев со празни џебови,
ќе можев, како што рече и самиот,
да си ја растоварам потсвеста во нив.
Фантазијата е догма, ја прифаќаш или не,
а тоа што сум ти жена не менува ништо,
освен, изгледа, инфраструктурата на Будимпешта.

and nobody will reprimand you. Atrophy of conscience, my love,
babies understanding Sanskrit and screaming in ancient Greek,
Homer, *Je te manque*! How much longer will the walls
be walls, that's something only dermatologists know
but they keep silent. What? You didn't know I was a mason?
Only Hölderlin's tower will save us
from the sous chefs of literature.
Yes, but had you not set out to conquer the void
between the balcony and Budapest,
I would not have left you without one ear, with empty pockets.
I could, as you yourself have said,
have unburdened my conscience into them.
Fantasy is a dogma, you accept it or you don't,
and the fact that I'm a woman changes nothing
except, it seems, the infrastructure of Budapest.

КРСТОЗБОРКА

Преголемата чувствителност на кожата
воопшто не е поволна за составувачите на крстозборки.
Им набабруваат порите од поими како:
вид папагал (Ара), женско име Отилија (Ота),
пејачка на фотосот (Васка Илиева), им се тегнат брчките
од литар (л) река во Турција до Реомир, ах, Р.,
а кога крај "мал еж" треба да напишам еже,
ме облева пот од случени драми пред еден век:
мојот ангел никогаш не бил ангелче,
пред да бидам жена дали бев девојче?
Му ја пресекоа потсвеста: постојано се жали
на празнина, на самотија.
Морам сама да му го одгатнувам постоењето
на мапа врз вратата од бањата.
Тоа е добар изум за кожните секавања.
А кога нешто не му одговара,
ми го зема тушот од раце и си ги брише своите
поткожни белини, потоа со тоник L'Oreal
(зашто заслужува) се освежува до исцрпеност.
Не се родив неписмена. Од каде е тогаш грчот
во клетките на текстот кога го читаш?
Ангелот ме потсетува дека порано немавме ладилник.
Веројатно ме конзервира во вакумско пакување
допирот на симултаниот превод на љубовта:
јас / ти, je m'aime / je t'aime, pro / contra,
само би те милувал(а) / само кожа би бил(а).
Овластен преведувач си ти, не јас. Провери,
исчитај ме одново, исправи ги грешките,

CROSSWORD

Extreme skin sensitivity
is not at all good for crossword solvers.
Their pores swell up at clues such as:
'type of parrot' (*ARA*), 'female name, Otilia' (*OTA*),
'the singer in the photograph' (*Vaska Ilieva*).
Their wrinkles stretch from 'litre' (*l*) to a 'river in Turkey,'
to 'Reomir,' ah, *R.*,
and when for 'small Erinaceidae' I have to write in *baby hedgehog*,
I break out in a sweat because of dramas survived a century ago:
my angel has never been a baby angel,
before being a woman, was I a girl?
They have cut out his subconscious: he endlessly complains
of emptiness, of loneliness.
I myself must unriddle his existence for him
on the map on the bathroom door.
That's a good invention for the skin's memories.
And when he's dissatisfied with something
he takes the showerhead from my hands
and rinses his subcutaneous whiteness,
then refreshes himself with L'Oreal
(because he's worth it) to exhaustion.
I was not born illiterate. Then whence this cramp
in the cells of the text when you read it?
The angel reminds me we didn't always have a fridge.
I'm probably being preserved in a vacuum pack
by the touch of the simultaneous translation of love:
me/you, je m'aime/je t'aime, pro/contra.
I'd do nothing but caress you/ I'd do nothing but be your skin.

дај му облик на текстот, обликувај ме со завршетокот
на јазикот (lingue/parole), кога слузокожата ќе затрепери
стави ми печат, свиткај ме надве, откажи се од мене / тебе,
од ангелот, од прашањата за животот и смртта,
во крстозборка внеси ме и тоа е сè.
Сепак сум на добар пат да ја спасам маргината
(малку со врски, малку со потсетувања
на моето присуство во Св.Димитрија),
да ги спасам Ара, Ота, Васка Илиева,
сите иницијали и по можност линијата, а не кругот.
Што прави еден ангел затворен во круг?
Се врти, се врти како луд сè дури
не се заплетка во своите нерви како во пајакова мрежа
(тоа е добра тема за тезата "Како станав демон").
Со линијата е поинаку: можеме да се гледаме
преку кожа, да седиме в сауна еден спроти друг
и да се препотуваме еден во друг.
Да се онесвестуваме еден крај друг.
Да си простиме, дури и да се држиме за рака
како под маса: прстите ти се должат, прстите ми се шират,
ангелот се стопи во кремот за чувствителна кожа
(без да заслужува), прстите ти се пожешки од Целзиусовите степени,
прстите ми се поголеми од температурните разлики
меѓу мојата, твојата и романската земја.
Можеш? Можам! L'Oreal? Лорелај!

Authorized translator, that's you, not me. Check it over,
read me again, correct the errors,
give form to the text, give form to me with the tip
of the tongue (lingue/parole).
When the mucous membrane starts trembling
seal me, fold me in two, disown me/you,
the angel, the questions of life and death,
enter me in a crossword and that's it.
And still I'm on the right track to save the margin
(through connections, through reminders
of my presence in the church of St. Dimitria),
to save Ara, Ota, Vaska Ilieva,
all the initials and, if possible, not the circle, but the line.
What does an angel do in a closed circle?
He spins around, spinning madly until
he's entangled himself in the spider web of his own nerves
(that's a good theme for a thesis: "How I became a demon").
It's different with the line: we can look at each other
across the skin, sit in the sauna facing each other
and sweat into each other;
We can faint on each other
Forgive each other; even hold hands
as if under the table: your fingers extend, my fingers expand,
the angel has melted in the sensitive skin cream
(you are not worth it), your fingers are hotter than Celsius degrees,
my fingers are larger than the temperature differences
between my country, your country and Romania.
Can you? I can! L'oreal? Lorelei!

СОВЕТИ ЗА ОДЛИЧЕН УСПЕХ
И ПРИМЕРНО ПОВЕДЕНИЕ

Водителката на Вести влезе во историјата на својот народ,
децата ја учат за оценка, а ја знаат
од рекламните паноа во сите приградски населби,
којзнае дали ќе се слика за "Плејбој",
мамо, зошто оваа има толку голем задник?
За да не пропадне "Нова Македонија" оти татко ти
ќе не обеси. А ти зошто имаш единица по историја?
Професорот праша кој ја напишал нашата химна
а јас реков Ататурк, зашто се стопив во дланките
што Турчинката покрај мене во клупата
си ги топли меѓу моите нозе, и ми црта
невестински превези во тетратките.
Срам да ти е сине.
Заради тоа ли седам дома, крпам мртви јазици,
штиркам сонети, заради тоа ли грбот ми паѓа
од перење ракописи на византиски химнографи,
на Хавеловите писма и на ред други култ-мистификати?
А образите секоја вечер ми одат по голема нужда,
и да знаеш, толку хигиенска хартија
ни Клеопатра не трошела. Залудно
притискам на Delete, ништо не може да ги избрише
а уште помалку да ги запре да не исфрлаат
фекалии — глисти во игра на огледала,
о, сине, сине, не те буди ноќе ветрот во капаците,
тоа моите наткожни пори се полеваат со вода од казанчето,
а по мала нужда оди кој стигне прв во сонот
зад кабловската телевизија. Гледај ја како се дотерала, ко да зборува

18

ADVICE FOR EXCELLENT ACHIEVEMENT
AND EXEMPLARY BEHAVIOUR

The Newscaster entered the history of her people,
the children study her for a grade, and they know her
from the advertising billboards in all the suburbs.
Who knows if she's going to have her photo taken for "Playboy?"
Mommy, why does this lady have such a big ass?
So that the daily "Nova Makedonija" will not perish or else your father
will hang us. And why did you get an F in history?
The teacher asked who wrote our anthem,
and I said Ataturk, because I had melted into the palms
that the Turkish girl sitting next to me on the school bench
was warming between my legs, and drawing
bridal veils in my notebooks.
Shame on you son.
Is that why I sit at home, patching dead languages,
starching sonnets, is that why my back's killing me
from washing Byzantine hymnographers' manuscripts,
Havel's letters and all sorts of other cult mystifications?
And every night my cheeks defecate,
and I have to tell you, not even Cleopatra went through
so much toilet paper. It is for nothing that
I press Delete, nothing can erase them,
and even less stop them from ejecting
feces — worms in a game of mirrors.
Oh son, son, it's not the wind beating against the shutters that wakes you at night,
it's the pores of my outer skin flushing themselves with water from the toilet,
and whoever arrives first in the dream
on the other side of the cable TV goes to pee. Look at her,

19

за Озирис, а не за оризот што го фати пролив в зори,
и не прашувај повеќе ни зошто има толку црвени очи,
ни зошто ноктите и се изгризани, а образите проѕирни.
Учи сине, повторувај, но не битки и мировни средби,
туку: зошто на мртовците не им стои фризурата
повеќе од десет минути, зошто Изида
не си го изела ќотекот од Озириса
(а татко ти еднаш му рече на вујко ти:
колку повеќе ја тепам, толку повеќе ме сака),
зошто треба да знаеш сè за да не знаеш ништо
па да те фотокопираат врз штотуку варосани
бели ѕидови за нив, прекрасните луѓе.
Учи сине, од учење не боли глава што е осигурана
во Полисата за осигурување на ЗОИЛ Лета.

20

she's all dressed up as if she was talking about Osiris,
not about the rice that caught diarrhea at dawn,
and do not ask why she has such red eyes,
or why her nails are all gnarled, and her cheeks transparent.
Study son, repeat, not battles and peace summits,
but: why doesn't a dead person's hairdo stay in place
for more than ten minutes, why didn't Isis
catch it from Osiris,
(and your father once told your uncle:
the more I beat her, the more she loves me),
because you have to know everything so as not to know anything
and be photocopied on freshly painted walls,
white walls for all those wonderful people.
Study son. Study will not harm the head underwritten
by the Lethe Insurance Company.

MAL DU SIÈCLE

Мустаќите се виткаат во летоци
што потоа ти паѓаат врз глава
            како совест што испркнува ноќе
но не од потствеста, туку од непредвидени ефекти:
средства за спиење со изминат рок,
чај од камилица (набрана во паркот ограден
            со црвена жица),
маж заспан предвреме, крвоток посложен
            од кинетичката енергија,
те удираат по глава летоци без смисла но со цел:
да се признаат мустаќите (ако не на Гоце Делчев,
барем на Мона Лиза) за mal du siècle
во кој си ја миеш косата со Pantene PRO V.
Дури и во манастирите се мијат премногу чинии
Дури и во Црвен крст се мијат премногу раце.
Болна сум болна легнала не од зелени сливи
туку од сплинот во фритезата,
од понижениот компир, од почвата прекопана
со далечински управувач од бамбусов стол,
а црниот човек седи и си ги витка мустаќите како тутун:
да не бев редовна на Вовед во книжевноста
ќе му поверував дека е гладен. Но,
Индијката сè си кажа. Сè сфати, освен ситоста на гладот
мојот Елијаде. Од него потекнуваат шумливите мултивитамини.
Компирчиња што пропаѓаат во продуховени јами,
прпелкајќи се во јазикот во игра на зборови,
а маслото тече, мустаќите се миропомазани,
не постои индивидуална болка, смртта е сечовечка.

22

MAL DU SIÈCLE

Moustaches roll up into leaflets
that then fall onto one's head
like conscience springing up at night,
not from the subconscious, but from unforeseen side effects:
sleeping pills whose use-by date has long expired,
tea made of chamomile (picked in the park fenced with red wire),
a man who fell asleep before his time was due,
blood circulation more complicated than kinetic energy;
you get hit on your head by leaflets which have no sense but do have an aim:
to have moustaches (if not Goce Delcev's,
then at least Mona Lisa's) recognized as *mal du siècle*
in which you wash your hair with Pantene PRO V.
Even in the monasteries too many dishes are washed.
Even in the Red Cross too many hands are washed.
I'm ailing, I'm ailing not from the green plums I had
but from the slum in the deep frying pan,
from the humiliated potato, the soil hoed
with a remote control from a bamboo armchair,
and the black man is sitting and rolling his moustaches as if they were tobacco:
had I not regularly attended the Introduction to Literature classes
I would have believed him that he was hungry. But
the Indian woman has said it all. My Eliade understood everything,
except the satiety of hunger.
It is thanks to him that we now have fizzing multivitamins.
The small potatoes falling into burrows have become spiritual,
wriggling in the language in puns,
and the oil flows, the moustaches are anointed,
there is no individual pain, death is universally human.

Преживеаните го менуваат Pantene со Elsève,
но влакната пекаат по шампонот од бреза.
Признајте ги веќе еднаш мустаќите за mal du siècle,
признајте го Тибет! На ред ќе дојдат и просирните перики.
Дури и во Париз се мијат премногу подавалници за croissant.
Дури и во овој живот се мијат премногу органи,
премногу игли, премногу родендени и задушници.

Those that have survived replace Pantene with Elsève,
but the hair cries out for birch shampoo.
Finally recognize the moustaches as a *mal du siècle*,
recognize Tibet! Transparent wigs will also have their turn.
Even in Paris too many croissant trays are washed.
Even in this life too many organs are washed,
too many needles, too many birthdays and commemorations.

МОРФОЛОГИЈА НА БАЈКАТА

Седи монструмот до мене, а внатре е тесно,
ќе испука ципата што ме дели од настаните во светот.
Се гледаме недоверливо, а познат ми е тој молк
што ни ечи в слабини: така со преподобните
се меркавме во руските цркви.
Седи ѕверот на половина стол, си ги засукал ногавиците,
си ги избрикол нозете како прашка студентка
по византологија, а мириса на Byzant,
и знам, моите политички ставови
не ќе можат да го спречат во намерата
да ми ги обликува со помисла
колковите колку што треба,
да го стесни домот за уште една соба,
о, чудовиштето знае дека полот ми е визба.
Безвремено лулкање на бочви во кои си ја пикам главата
како во огламник. Сламката црцори во лименката,
си свири на неа како на усна хармоника.
До кога ќе одбегнуваме да се качиме на таванот,
да ги запалиме старите теоретски книги?
До кога во митрополијата Бог сам ќе се бдее,
до кога говорникот ќе кива без да се извини?
Седи монструмот до мене, а мене ми вели:
"Си се залепила за мене како домаќинка за теленовела".
Речникот му се состои само од тие девет збора.
Десеттиот ако го каже, отиде по ѓаволите
"Морфологијата на бајките", втор дел.
По сè изгледа Проп го намамил со домашна вотка
и го наговорил да си остане ѕвер,
а убавицата не ја ни зел предвид.

MORPHOLOGY OF THE FAIRY TALE

The monster is sitting next to me, and it's so crowded in there,
the membrane between me and the events in the world is going to burst.
We eye each other suspiciously, and I'm familiar with that silence
resounding in our groins: that's how we and the venerables
eyed each other in the Russian churches.
The beast is sitting on one half of the stool, with trouser legs rolled up,
his legs shaved like the legs of a Prague student
of Byzantology, and he smells of Byzant cologne,
and I know, my political views
will not be able to stop him in his intention
to mentally shape my hips to the proper measure,
to reduce my home by one room.
Oh, the monster knows that my sex is my cellar.
Timeless rocking of the casks into which I stick my head
as if into a yoke. The straw gurgles in the can,
it plays it like a harmonica.
How much longer shall we avoid climbing to the attic
and burning the old theoretical books?
How much longer shall God keep his vigil alone in the Archbishop's residence?
How much longer will the orator sneeze and not apologize?
The monster is sitting next to me, and he says:
"You have glued yourself to me like a housewife to a soap opera."
His vocabulary consists of these thirteen words only.
Should he pronounce a fourteenth, the "Morphology of the Fairy Tale,
Part Two," will go down the drain.
The odds are that Propp has lured him with homemade vodka
and talked him into remaining a beast,
forgetting to take beauty into consideration.

ЌЕЛАВАТА ПЕЈАЧКА

Некои луѓе ме гледаат под око.
Некои животни ме одминуваат.
Сонцето мириса на твојот папок.
Ти си совршено отсутен.
Долги години веќе не живееш
во твојот стан со тркалезни соби.
Јас го отворам катанецот
со една од моите шноли.
Косата ми се заглавува во клучалката.
Ја оставам таму.

Ќелава влегувам во твојот стан.
Ти си сепак тука, убав и стар.
Во мали канчиња од кисело млеко
одгледуваш краставици. Зелени, жолти,
портокалови краставици во секакви величини.
Корнеш една и ја наденуваш на собната антена.
Пеј ќелава пејачке пеј. Пеј!
Јас пеам иако залудно. Ти си стар и убав.
Не можеме да водиме љубов.
Париз е секогаш многу блиску но никогаш тука.

Мртов си. Самоубиство поради страв од бесмртност.
Наденат на краставица ме гледаш толку страсно.
Ја наследив твојата глава и ја носам како маска.
Некои луѓе врашено ме гледаат.
Некои инсекти подмолно ме касаат.
Дождот мириса на мојот папок.

28

THE BALD PRIMA DONNA

Some people look at me with suspicion.
Some animals evade me.
The sun smells of your navel.
You are perfectly absent.
For years now you have not lived
in your apartment with round rooms.
I undo the padlock
with one of my hairpins.
My hair gets stuck in the keyhole.
I leave it there.

Bald, I enter your apartment.
You're there, handsome and old,
growing cucumbers
in small yogurt pots. Green, yellow,
orange, cucumbers of all sizes.
You pluck one out and impale it on the indoor antenna.
Sing bald prima donna. Sing! Sing!
I sing in vain. You're old and handsome.
We can't make love.
Paris is always close but never close enough.

You're dead. Suicide from fear of immortality.
Impaled on a cucumber you look at me with such passion.
I have inherited your head and I wear it as a mask.
People stare at me horrified.
Insects bite me furtively.
The rain smells of my navel.

Сега можам сѐ, сѐ, дури и пеш
низ електродите и мракот
да поминам од една до друга метро станица.
Со цела вреќа на рамо полна краставици.

Now I can do anything, even pass on foot
through the electrodes and darkness
from one underground station to another,
with a sack full of cucumbers on my shoulder.

ЅИДОВИТЕ

Ѕидовите ги болат гоблените на мајка ми
Девојчето со шапче, Гусарката, Жан Валканиот
а уште повеќе фотографиите закачени крај нив,
од свадбата на сестра ми, од приемот кај претседателот.
Денес ја обесиле и мојата диплома на клин
а ќе се најде место и за некој орден на трудот.
Утре православниот календар да го залепиме треба
покрај другиот кој божем смета време друго.
Кој како дојде си закачува по некој знак на нив
си лепи сликички и пластични закачалки,
и си ги обесува околу ѕидниот саат своите сенки
на штотуку заковани шајки.
Морав потоа со својот живот
да ги потпирам ѕидовите сè до мугри
кога дојдоа мајсторите да ги бетонираат пак
ѕидовите заспаа, јас веќе умрев.
Не будете ги со чекани, не будете ги аман,
оставете ги голи, а мене со нив сама, а мене со нив сама.

THE WALLS

The walls hurt from my mother's Gobelin tapestries.
The girl with a small hat, the Pirate Woman, Dirty Jean,
and even more from the photographs hung beside them,
of my sister's wedding, of the reception at the President's.
Today they have hung my diploma on a nail
and room will be made for some Medals of Labor, too.
Tomorrow we should stick up the Orthodox calendar
next to the one which allegedly counts a different time.
Whoever comes leaves traces of themselves,
sticks up small pictures and plastic hooks,
and they hang their shadows around the wall clock
on newly hammered nails.
I had to support the walls with my life till dawn
when the masons came to rebuild them again.
The walls fell asleep, I had already died.
Do not awaken them with hammers, pray do not awaken them,
leave them bare, and me alone with them, and me alone with them.

ОД ДНЕВНИКОТ НА ДОИЛКАТА НА КОНСТАНТИН, СИН НА ЕЛЕНА

Пишуваш со лева рака. Семиотика на кратко, но бурно постоење.
Во десната си ѝ ја заробил крвната група и ѝ го стискаш животот
капка по капка во симболот што ќе стане.
Луд ли си? Сакаш да ја вратиш во мимезисот на Ева,
да и го фотографираш сраснатото членче,
Адаме, дете, жена ти ги слика Марковите Кули,
татко ти отиде на море и се смести во шаторот на Фројд,
а ти и мајка ти разгледувате споменари, лижете витамини
и верувате во современите поети. Константинопол е далеку, Константине.
Луд ли си? Сакаш да ја облечеш во ќерамидеста кошула,
да ја изнесеш пред војниците со метафизички проблеми,
а ѕвездички, светулки и други оноземни дребулии
да крцкаат под нејзините чевли со машки број. Константине,
да те види татко ти како си ѝ ја фатил свеста со славната десница
и ѝ ја вртиш како голф топче во римската бања, би ти покажал,
туку, ајде, таа и онака не подава рака, а и не треба
покрај толку запленета трева да цвака варени ѓевречиња.
Што ќе стане од тебе само Бог знае, но чека прво да го признаеш,
да докажеш дека профилот ти е постојано ист, иако
слугите те видоа како си ги корнеш веѓите, а тоа
би го изнервирало секој сликар што држи до себе,
немој така Константине, Прилеп не е далеку, а ни морето
кајшто се влева ходникот од школата за убаво однесување,
но, навистина, ако продолжиш и понатаму да ми ставаш сопки
кога и носам темјан на мајка ти, нема повеќе да трпам
туку ќе му пишам на Синодот што поскоро да ја прогласи за светица,
а потоа, дали ќе ти се случуваат чуда или ќе станеш пијаница, е,

FROM THE DIARY OF THE WET-NURSE
OF CONSTANTINE, HELENA'S SON

You write with your left hand. Semiotics of a short, but adventurous existence.
In your right hand you have arrested her blood group and drop by drop
you squeeze life out of it and into the symbol it is yet to become.
Are you mad? You want to return her to Eve's mimesis,
to photograph the rib?
Adam, child, your wife is photographing Marko's Towers,
your father has gone to the coast and settled in Freud's tent,
and you and your mother leaf through the albums, suck vitamins
and believe in modern poets. Constantinople is far away, Constantine.
Are you mad? Do you want to clothe her in a check shirt,
and take her before the soldiers with metaphysical problems,
with stars and fireflies and other celestial odds and ends
cracking under her man-size shoes.
Constantine,
if your father was to see you holding her conscience in your far-famed right hand
and turning it like a golf ball in the Roman bath, he would show you,
but never mind, she is not giving her hand anyway, and she shouldn't
chew boiled sesame rings, not with all that confiscated grass.
What will become of you only the good Lord knows, but He's waiting
for you to acknowledge Him first,
to prove that your profile is always the same,
even though the servants saw you pluck
your eyebrows, and that would upset every self-respecting painter.
Don't be like that Constantine, Prilep is not far away, and neither is the sea
into which flows the corridor of the school of good manners,
but, indeed, if you go on tripping me up
when I take incense to your mother, I won't tolerate it any more,

тоа си е ваша работа и за тоа не сум платена, но само
уште еднаш, уште само еднаш ако ме штипнеш за задникот
ќе те пренесам со Аладинова ламба право во Константинопол Константине
и ќе те оставам таму да ги христијанизираш варварите,
ама немој да мислиш дека се оние на Кавафис;
не, овие и мајка би расплакале (а мајка ти си ја знаеме за плачка)
за своето футуристичко, византиско име. Нема шега со нив, Константине.

I'll write to the Synod to canonize her as soon as possible,
and then, whether miracles start happening to you or whether you become a drunk
it will be your business, and that isn't what I'm paid to take care of, but if once more,
if once more you pinch my backside
I'll send you, with the help of Aladdin's lamp, straight to Constantinople, Constantine,
and I'll leave you there to convert the barbarians,
but don't think they are the ones Cavafy writes about;
no, these would make even a mother cry
(and we know your mother is a cry baby)
for their future, Byzantine name. They are no joke, Constantine.

НЕШТО ВО ВРСКА СО АРИСТОТЕЛ

Во када замаглена од морски соли плус Ginseng сеќавања
Аристотел ми личи на непризнат травестит
од субкултурен метеж во шестиот свет.
Колку пати ти кажав дека сè си има
почеток, средина и крај, а ти пак се заплеткуваш
во катарзата на поплава in medias res,
а катарзата не е за обични луѓе, не е за баба Виорика
или за кучето на Добревци, тој божествен миг
е за луѓе (и кучки) со барем по еден
Le petit Larousse во муцката или во задникот,
знаеш и сам дека најгласните звуци
не ги испуштаат гласните жици, туку јазот
меѓу цревата и срцето. А јас еве со години
ја чекам совршената музика со почеток (јас),
средина (јас) и крај (јас), искушение и спас.
Светот обожава да го закопува Аристотела,
но тој, како и Исус, не се предава лесно, а знае
и подобро од него да се снајде кога треба:
видов како му бркна во џебот на продавачот на леб
и му ја извади душата раситнета на драхми, та овој
го затвори дуќанот, си ја напушти жената
и се пресели во Градската библиотека,
но не во читалната туку во тоалетот, велат,
си ја бара среќата. Сонценце мое,
солта за капење е поеротична од француските глаголи
а екстазата на твоите склекови во metafizicus
многу поголема кучка од мојата титула. Не знам како

SOMETHING IN CONNECTION WITH ARISTOTLE

In a tub steaming with sea algae and Ginseng memories
Aristotle resembles a legally unrecognized transvestite
from the sub-cultural chaos of the sixth world.
How many times have I told you that everything
has its beginning, middle, and end, and still you get entangled
in the catharsis of a flood in medias res,
and catharsis is not for common folk,
it's not for grandmother Viorika
or for Dobrevci's dog, that celestial moment
is for people (and bitches) with at least one
Le Petit Larousse in their gobs or in their asses.
You know that the loudest sounds
are not made by the vocal cords, but by the gap
between the bowels and the heart. And here I am waiting for years
for the perfect music with a beginning (I), middle (I) and end (I),
temptation and salvation.
The world loves burying Aristotle,
but he, like Christ, does not give up easily, and knows
even better how to manage when necessary;
I saw him slip his hand into the pocket of the man selling bread
and pull his soul out broken into drachmas,
so that he closed his shop, left his wife, and moved to the City Library,
and it is not in the reading room but in the toilet, they say,
that he is looking for his happiness. My sunshine,
the bath salts are more erotic than French verbs
and the ecstasy of your push-ups in *metaphysicus*
a bitch much bigger than my title. I don't know how,

ќе ја пребродиме без олимписки темјан
смртта на поетиката,
но знам дека Аристотел без трипати дневно Deprim
е изгубен случај само во учебниците по филозофија.
Но не, но не и во субкултурата на Света Гора.

without incense, we are to overcome
the death of poetics,
but I do know that without Deprim three times a day Aristotle
is a lost case in philosophy books only.
But not in the subculture of Mt. Athos.

ОБРАТНА ПЕРСПЕКТИВА

На судбината конечно ѝ е погодено:
ја затворив во термос Moulinex
што ќе ѝ ги чува свежината и вкусот
без да застојат притоа кармите. Ослободена од себе,
се движам во претскажувањата што не се исполнија
како во high life. Важно е да се мрда со колковите.
Имаш црвило на забите, honey. Знам, единствено медот
директно се раствора во крвта. А во мене
растворлива е само — баба Ветка.
Сестра Аура знае дека секоја кокошка од ладилникот
првин ја држев над ринглата
во исчекување да оживее,
дури потем, понижена од апостолите,
ја фрлав во рерната на Силвија Плат.
Во знак на протест светогорците
почнаа да носат апостолки.
О, колку убаво ми ги бакнуваш плускавците
на петите, А., тие симулакруми на органот за вид
во овој метаживот. Сега, кога постојат продавници
во кои сѐ може да се купи за еден единствен долар,
мора да одлучиш дали ќе почнеш да носиш црвено шалче
околу вратот во знак на почит кон Абориџините,
потем ќе биде лесно да добиеш стипендија
за мојата атавистичка академија. А потем ќе биде уште полесно:
Силва — методот ги пере и најтемните дамки
од здравицата меѓу културните разлики,
прекината поради смрдеа од кујната.
Гостите сами се послужиле од термосот со судбината

REVERSE PERSPECTIVE

Destiny has finally been satisfied:
I sealed it in a Moulinex thermos
which is going to preserve its freshness and taste
and not stale the karmas. Freed of myself,
I move through unfulfilled predictions
as if through high life. It's important to move the hips.
You've got lipstick on your teeth, honey. I know,
only honey dissolves directly into the blood.
And the only thing dissolvable in me is — my granny Vetka.
Sister Aura knows that I first held every frozen chicken
above the stove expecting it to come back to life,
and only then, humiliated by the apostles,
would I throw it into Sylvia Plath's oven.
In protest, the Mount Athos disciples
started wearing apostle's sandals.
Oh, isn't it beautiful the way you kiss the blisters
on my heels, A., those simulacrae of the organ of sight
in this meta-life. Now, when there are shops
where you can buy anything for just a dollar,
you will have to decide whether to start wearing a red scarf
around your neck as a token of respect for the Aborigines,
and then it will be easy to get the scholarship
to my atavistic Academy. And then it will be even easier:
The Silva method will wash off even the darkest stains
of the toasts between cultural differences
which were cut short by the stench from the kitchen.
The guests have served themselves from the thermos containing Destiny
and now they are digesting me in their guts like porridge!

и сега ме варат во своите црева небаре каша!
Знам дека е ужасно непријатно,
но некој од нив може да ме исфрли како фекалија
токму во твојата еротска чакра. Обиди се, сѐ дури веруваш
во светата, апостолска кожичка на културата,
зачинета со босилок и крцкава како историја —
да ме претвориш во природна појава.
Само, биди внимателен. Некој можеби води дневник.

I know it's extremely unpleasant,
but some of them may throw me out like excrement
into your very erotic chakra. Keep trying, as long as you believe
in the holy, apostolic membrane of culture,
spiced with basil and crunchy like history —
to turn me into a natural phenomenon.
Only, be careful. Somebody might be keeping a diary.

РЕГЕНЕРАТОР

Роднините ги подврзуваат лозјата во Шлегово
со моите скинати најлон-чорапи
што пред секое поаѓање од странство
ги претворам во минималистички топки од крпи.
А. вели: "Нормална ли си? Ќе носиш скинати
чорапи дома со авион!" Тоа не е ништо.
Колкупати досега требаше да ги протнам на царина
сè потивките струни од гласот на Валбона,
црниот дроб што ѝ го извадија во грчката болница
за да ѝ го регенерираат органот на самотијата,
меѓународната телефонска врска "I am Lidija from Macedonia.
Can I speak to Valbona, please?" и врескањето во слушалката:
"What? Not, not Macedonia! She is dead!"
и морниците што ми ја полазија свеста: Кој?
Македонија или Валбона? Вирус ги исуши лозите.
Потем почна да ги изобличува
и фотелјите од францускиот нов роман што Елијаде
ги употребувал како кујнски столчиња за индиските богови.
Никогаш нема да дознаам како звучи "Мајтреј" на албански.
Како што никогаш повеќе нема да мирисам на човек,
на жена полеана со Шанел во миг на револација,
а ти ќе се чудиш зошто во Толковниот речник
покрај зборот црн дроб стои напишано со мастило:
орган што ја регенерира смртта. Проверено.Точка.
Патниците во авионот одеднаш свикаа: Мириса на коњ!
На коњ во авион! Гледаш, да не беше отсекогаш толку скржав
и да ми купеше огламник што ќе ме врзе за тебе, не ќе скокнев
од помошниот излез директно во Лета. Се надевам барем,

REGENERATOR

My cousins tie the vine shoots in Šlegovo
with my torn nylon stockings
which, every time I set out for home from abroad,
I turn into minimalist rag balls.
A. says: "Are you crazy! Are you taking torn stockings home on a plane!"
That's nothing. How many times have I had to smuggle
the ever quieter sounds of Valbona's voice,
the liver she had removed in a hospital in Greece
to regenerate her organ of loneliness,
the international telephone link, "I am Lidija from Macedonia.
Can I speak to Valbona, please?" and the shrieking in the receiver:
"What? Not Macedonia! She is dead!"
and I felt a chill down my conscience: Who's dead?
Macedonia or Valbona? A virus has turned the vineyards dry.
Then it began to disfigure
even the arm chairs which Eliade used as kitchen stools
for the Indian gods in the new French novel.
I will never know how "Maitrei" sounds in Albanian.
Just as I will never again smell of a human,
of a woman sprinkled with Chanel in a moment of revelation,
and you will wonder why in the dictionary
next to the word 'liver'
is written in ink:
an organ regenerating death. Checked. Full stop.
The passengers in the plane suddenly cried out: It smells of horse!
Of horse, in an airplane? See, if you hadn't always been so stingy
and had you bought me a yoke to tie me to you, I wouldn't have jumped
from the emergency exit directly into Lethe. I hope at least

дека ќе дојде некој на аеродромот во Петровец
да го земе куферот од аеродромската лента. Свилените чорапи
се добри за подврзување лози, па дури и тегли за зимница.
Неколку пара си сокрив и јас под јазикот. Во реката, велат,
живее битие што пека по примордијалната топка
и за пар женски чорапи ти ја исполнува најголемата желба.
Еве ти ги моите свилени чорапи со ликра!
Што бараш за нив, кобило?
Црн дроб што ќе го регенерира животот на Валбона.
Жалам, штотуку заврши специјалната понуда
и органот за заборав се продаде уште веднаш.
Кој го купи?
А.

someone will come to the airport in Skopje
to pick up my suitcase from the conveyor belt.
The silk stockings are good to tie vine shoots with, and even seal jars
        of winter preserves.
I hid a few pairs under my tongue. In the river, they say,
there lives a being craving for the primordial ball,
who, for a pair of woman's stockings, will fulfill one's greatest wish.
Here, take my silk and lycra stockings!
What is it you want for them, you mare?
A liver which will regenerate Valbona's life.
Sorry, the special offer has just expired
and the organ of oblivion was sold at the very start.
Who bought it?
A.

ПОЕМАТА НА ПОЧЕТОКОТ

Се исплаши Бродски, се исплаши да не го погоди
некоја бомба, лубеница или урочливо око на струшка мома,
а тогаш сѐ уште намавме електронска пошта
за да ме праша уште во Предмет: има ли војна во Македонија?
и не дојде. А тие четири дена, велат,
го варосувале Универзитетот во Мичиген,
дома пак жената што чисти, Босанката Севда
истурила варакина во дневната и засмрдело сѐ.
Ги отворил Бродски прозорците и излегол во ноќта,
а немал каде да оди сѐ дури не се проветри станот, сѐ дури
не му го варосаат Кабинетот за литература. Четири дена
лутал Бродски низ Мичиген, одел од црква в црква
(а кога бил тажен, велат, влегувал само во православна)
и наеднаш налетал на македонското црквиче што дедо Илија
го подигнал за спомен на мајка си Петкана од Струга,
токму тогаш се служела Вечерна, а двајца чтеци пееле
на македонски: Богородице Дево, радуј се благодатна Марие.
Слушал Бродски а дланките му се потеле од панталоните,
на секое прекрстување се засркнувал
како да пливал во водите од Книга Битие,
Мајка Божја видела како му се расплакала беби-јаката на кошулата,
потем една баба му пришла со варена пченица
и му рекла: Земи синко, задуша на свекрва ми Петкана од Струга,
Бог да ја прости, ми ги изгледа децата.
Бродски тогаш бркнал во задниот џеб и го извадил писмото
за Златниот венец на поезијата, '91. Но бабата
само го нудела: Касни си, касни си синко од пченицава,
многу си блед, немој некоја болест да фатиш, та за венци,

50

THE POEM AT THE BEGINNING

Brodsky got scared, he got scared he might be hit
by a bomb, a watermelon or the evil eye of a Struga maiden,
and back then we still didn't have e-mail
for him to ask me in the Subject line: Is there a war going on in Macedonia?
so he didn't come. And those four days, they say,
the University of Michigan was being painted,
and at home the cleaning lady, Sevda from Bosnia,
had spilled some bleach in the living room and a terrible stench
spread all over the place.
Brodsky opened the windows and went out into the night
and had nowhere to go until the apartment was aired,
until the Department of Literature was painted.
For four days Brodsky wandered through Michigan, he went from church to church
(and when sad, they say, entered only the Orthodox)
and suddenly he came across the small Macedonian church
raised by old man Ilija in memory of his mother Petkana of Struga,
and just then it was Vespers, and two singers chanted in Macedonian:
Mother of God, rejoice, birthgiving Maria.
Brodsky listened and his hands got sweaty on his trousers
and every time they made the cross he choked
as if swimming in the waters of Genesis.
The Mother of God saw the collar on his shirt start crying,
then an old woman approached him with boiled wheat and told him:
Take some son, this is in memory of my mother-in-law Petkana from Struga,
God bless her soul, she brought up my children.
Brodsky then searched his back pocket and took out the letter
about the Golden Wreath for Poetry '91. But the old woman
just kept on offering: Have some, son, have some of this wheat,

51

— чувај боже, рано ти е! Првин на нас старите ни е редот!
Јадел Бродски и плачел, сркал и се засркнувал
а во понеделникот, кога го отвориле Универзитетот
на студентите по литература ваква тема за есеј им дал:
"Колку отсто човек живее кога живее,
а колку отсто умира кога умира?"
И цели два часа ја читал и препрочитувал
"Поемата на крајот" од Марина Цветаева.

you're pale, take care you don't get sick, and as for wreaths —
God forbid, it's too early for you!
We the old must have our turn first!
Brodsky ate and cried, gulped and choked,
and on Monday, when the University opened again,
gave his literature students the following topic for their essays:
"What percentage of a man lives when he's alive
and what percentage dies when he dies?"
And for two hours he read and re-read
Marina Tsvetaeva's "Poem of the End."

ВЕНЦЕНОСЕЦ

— прототип 2 —

Во пресвртите на неговите антирими се самоубиваш
од наслада, потоа само ја истресуваш смртта од алиштата
купени на распродажба и продолжуваш кон сточниот пазар
— таму поетот си ја има закопано во изметот на свињите
бисерната амајлија од учителката по љубовна естетика:
од неа дознал дека поезијата е пред сè убавина за сетилата.

Меѓу две песни што секој уредник би ги запленил веднаш
се втурнува во детската соба
и со своите просветлени раце (канонизирани во крчмата)
си ги тепа децата за слабите оценки, за новите идоли,
за презимето што му го носат си ги тепа децата
со истата жестина и страст како кога пишува песна.

Потем цимоли зад вратата во кујната сè додека
сите негови ближни не признаат дека се виновни
за духовниот пад на неговото величество, за ќесичката со чувства
одмрзната под чешмата, а никој не се сетил да го зачепи мијалникот,
толку многу идеи и лирски изблици во неповрат, а јас сум гениј,
венценосец на сите светски фестивали, не знам како не разбирате …

На последниот фестивал се појави со црвено шалче околу вратот
и мислеше дека така ќе се вреже во колективната меморија
зашто никој на крајот на краиштата не се сеќава на поезијата,
но заборави дека секоја земја си има по еден поет со црвено шалче
околу вратот како знак за државно непрепознавање и архетип
се претвори во униформа и одмаршира во свеста, сама по себе смртна.

54

THE LAUREATE

(a prototype)

In the turnabouts of his antirhymes you commit suicide
out of delight, then simply shake death off your clothes
bought on sale and continue towards the livestock market
— there the poet had buried the pearl amulet
from the teacher of the aesthetics of love in pig excrement:
it was from her that he learned that poetry is above all sensual beauty.

Between two poems which any editor would immediately censure
he rushes into the children's room
and with his enlightened hands (canonized in the inn)
he beats his children punishing them for their poor grades, for their new idols,
for the family name they bear, he beats his children,
with the same vehemence and passion as when he writes poems.

Then he sobs behind the door in the kitchen until
his entire family admit they are to blame
for the spiritual fall of his majesty, for the little bag of feelings
defrosted under the tap water, and nobody remembered to plug the washbasin,
all those ideas and lyrical outbursts lost for ever, and I am a genius,
the laureate of all world festivals, I don't know why you can't understand this ....

He appeared at the last festival with a red scarf round his neck
and thought that way he would engrave himself in the collective memory
because, after all, no one remembers the poetry,
but he forgot that every country has one poet with a red scarf
around his neck as a sign of non-recognition by the state,
and the archetype turned into a uniform and marched off into consciousness,
which is mortal in itself.

55

Загубата на националниот поет имаше повеќе реакции:

Децата: Никој повеќе нема да нè тепа!

Жената: Го зачепив мијалникот со талог од кафе, а тебе повеќе те нема.

Г-ѓата менаџер од државниот протокол: Уште еднаш ги повикувам сите јавни личности на часови по облекување, особено важно кога ја претставуваат земјата на меѓународни настани како починатиот …

Читателот: Море нека оди по ѓаволите!

The loss of the national poet was met with a variety of reactions:

The children: No one will beat us anymore!

The wife: I have plugged the washbasin up with coffee grounds, and you're gone!

Mrs. State Protocol: I once again call all public persons

to classes on appropriate dress,

of special importance when they represent our country at international events,

as was the case of the deceased ...

The reader: Oh, to hell with him!

АЛОЕ ВЕРА

Му го намачкавме лицето на мртовецот
со хидрантна маска за сува кожа
и внуката од брат му клекна пред сандакот
молејќи се вака: Ајде, Алое Вера,
зарумени му ги образите на стрико, а ти
бадемово масло, скокотни го околу усните,
знам дека тоа ќе го разбуди и од најдлабокиот сон,
една сосетка дофрли дека Алое Вера прави чуда
и зарем тоа не се гледа по нејзината кожа
како на бебе, рече, а веќе е во петтата деценија.
Сите се свртевме кон неа и заборавивме
дека маската на жив човек се држи седум минути,
а на мртовец — три, молитвата на внука му заврши,
маската се скрши, го закопавме такси возачот
без лице, но освежен одвнатре. На враќање,
една жена во пелерина се испречи пред нас
со послужавник полн црвени јаболка.
Колку јаболка — толку вистини, рече, повелете, послужете се,
зарем не е така, младоженци, дека опстојувањето на светот
зависи единствено од првовљубените на еден кеј
полн нерециклирана романтика? Мора да е луда,
помисли тој, а невестата почна да вика на сет глас:
"Гледаш? А ти стопати ми ја пушташ раката!"
и се развенча од фризурата заради која
цел живот го помина под хауба, па погребот од кој се враќаа
ѝ мирисаше на озонската дупка. Мртовецот си ја пикна раката в џеб
и никогаш повеќе не ја извади во светот на Ајнштајн.
Беше тоа погреб или венчавка, Алое Вера?
Кој кого венча? Кој кого закопа?

ALOE VERA

We spread a moisturizing mask for dry skin
on the dead man's face
and his niece knelt in front of the coffin
praying thus: Come on, Aloe Vera,
make my uncle's cheeks rosy,
and you almond oil, tickle him round the lips,
I know that will wake him from even the deepest dream.
A neighbor threw in that Aloe Vera does miracles,
and isn't it obvious from the look of her skin,
just like a baby's, she said, and she's already pushing fifty.
We all turned to her and forgot
that the mask should be left on for seven minutes on a live person's face,
and on a dead person's — only three, his niece's prayer ended,
the mask cracked, we buried the taxi driver
without his face, but refreshed from the inside. On the way back,
a cloaked woman appeared before us
with a tray full of red apples.
There are as many truths as there are apples, she said,
here, help yourselves.
Isn't it true, newlyweds, that survival in this world
depends solely on those in love for the first time on an embankment
brimming with unrecycled romance? She must be mad,
thought he, and the bride started yelling at the top of her lungs:
You see? And you have let go of my hand a thousand times!
and she unmarried the hairdo she spent her whole life under
the hairdryer to get so that to her
the funeral they were returning from smelled of an ozone hole. The dead man
put his hand in his pocket and never took it out again in Einstein's world.
Was it a funeral or a wedding, Aloe Vera?
Who married whom? Who buried whom?

59

ПОЕТСКАТА ЗАКОНИТОСТ НА БРАКОТ

На свадбата сватовите
толку многу бонбончиња и леблебија
фрлија врз невестата, што од црква
ја пренесоа на одделението за интензивна нега.
Гледаш, А.? И што друго можев да си купам
од саемот на визуелната уметност освен дрвени штипки
за алиштата во кои се хиротонисав сама
ноќта кога младоженецот си легна со бурма,
а не со жена. (Кој има валкана фантазија?)
А штипките се цврсти и можат да држат
еден куп амбиции во вертикален занес:
стомачиња на критичари, глуждови на играорци
и бандерата на љубовта под која поминуваат мртовци.
Отсуството го претворив во работна соба со пет sвездички,
испружена врз масата му дозволив на желудникот да ги свари
сите белосветски метафори и сега само во стоечки став
(а како поинаку?) пишувам за животот, by the way.
Ја испружија и невестата врз масата, велот се распара
меѓу лекарот и сестрата, модринките од желбите за среќен брак
светкаа како sвездички на новогодишна елка.
Каде ми е фотоапаратот, викнав, уметноста е атрофија на совеста,
утре фотографијата на невестата ќе го обиколи светот,
така се станува номад, А., секоја година — нова земја,
преселбата ми е работна маса без стол, стојам над неа
како над божја појава, а поезијата пулсира —
прашај го кардиохирургот дали постои поголемо чудо
од едно срце што чука во туѓо тело, А., прашај ме мене
со дрвени штипки во десниот џеб, секогаш спремна

THE POETIC LAW OF MARRIAGE

At the wedding the guests
threw so much confetti and coins on the bride,
that from the church she had to be taken
straight to intensive care.
You see, A.? And what else could I have bought
from the visual arts fair but wooden pegs
for the clothes in which I myself had taken my vows
the night when the bridegroom took his wedding ring
to bed instead of a woman. (Who's got a dirty mind?)
And the pegs are solid and can hold
a whole bunch of ambitions in vertical ecstasy:
critics' bellies, folk-dancers' ankles
and the electric pole of love under which corpses pass.
Spread on the desk, I turned absence into a five star study.
I allowed my stomach to digest
all mundane metaphors, and now only standing up
(how else?) I write about life, by the way.
They laid the bride too on the table, the veil was split
between the doctor and the nurse,
the bruises from the wishes for a happy marriage
shone like little stars on a Christmas tree.
Where is my camera, I cried, art is the atrophy of conscience.
Tomorrow the photograph of the bride will travel the whole world;
that's how one becomes a nomad, A., each year — another country.
Migration is my desk without a chair, I stand above it
as if above a celestial apparition, and poetry pulsates —
ask the heart surgeon if there is a greater miracle
than a heart beating in someone else's body, A., ask me,

да си го закачам животот на љубовна жица во од
(како во приморските градови со високи куќи и тесни сокаци),
во оклоп од потсвести (за да не ме погодат бонбончињата)
секогаш спремна да сварам каша од вечните значења
и да им ја раздадам на чистачките во влезовите задуша,
за наежена кожа, А., за (р)еволуција на нашите знаци.

with the wooden pegs in my pocket, always ready
to hang my life on the wire of love, when on the move
(like the clothes lines in the seashore towns with high buildings and
        narrow alleys)
in an armor of subconsciousness (so that the confetti won't hit me),
always ready to make a porridge out of eternal meanings
and offer it as a treat to the cleaning women
in memory of bristling skin, A., of the (r)evolution of our signs.

РАСПРАВА ЗА ПЛОДНОСТА

Боговите на Камерун
се преселија кај мене дома
и еве веќе две години залудно ми го јадат лебот
а јас никако да станам плодна. Ги однесов
во New Age за да ме запознаат подобро:
папагалот што стои над бочвата со вино
скрека со шамански глас: Ти ми даваш сила, ти ми даваш сила...
Боговите го кутнаа со тупаница, присутните ракоплескаа.
Твоето семе ги оплоди наредните броеви на "Маргина".
Кажи ми, среќна двојко, на која возраст почнуваат
фантастичните сеќавања? Дали главата на братучетка ми
заглавена меѓу капакот и скалите беше причина
за мојата хистерична смеа меѓу Долниот и Горниот дом?
Камерун е далеку и само на еден начин се стигнува во рајот:
мачкајќи ги трепките со рицинусово масло двапати процедено
(еднаш во грлата на забранетиот народ околу државната оска
и еднаш во утробата на забранетиот храм околу божјата коска).
Стојат над шкафот со книги како две тела на клада,
а книгите се сурови и им ја цицаат моќта низ духовна цуцла.
Како да им верувам повеќе дека ако зачнам,
ќе родам здраво дете во здраво семејство? Божицата трепна
заводливо: не знам кого сака да заведе - богот, маж ми или мене?
А богот е дури и мил: паѓа во транс кога го бришам со "Вилледа".
За него купив распрскувач со мирис на африканска палма
иако не беше потребно: плотта му мириса на магија.
Но мене не ме фаќа. Можеби навистина е виновна
смеата расфрлана под куќата на бапче,
лулашката меѓу овците што зачнуваа од еден единствен овен

A TREATISE ON FERTILITY

The gods of Cameroon
moved in with me
and here they have been for two years now eating my bread for free
for I still show no sign of fertility. I took them
to the New Age café to get to know me better.
The parrot perched above the barrel of wine
shrieked in a shamanic voice: You give me strength, you give me strength...
The gods knocked him down with a punch, everyone clapped.
Your semen impregnated the next few issues of "Margina."
Tell me, happy couple, at what age do fantastical memories begin?
Was my cousin's head stuck between the trapdoor and the stairs
the reason for my hysterical laughter between the Upper and the Lower House?
Cameroon is far away and there is only one way to get to paradise:
by applying castor oil to your lashes, strained twice
(once through the throats of the people not allowed to exist around the axis
            of the state,
and once through the womb of the forbidden temple around God's body).
They are seated on the bookcase like two bodies on a block,
and the books are cruel and suck their power through the spiritual nipple.
How can I still believe them, that if I do conceive
I shall give birth to a healthy child in a healthy family?
The goddess blinked seductively:
I 'm not sure who it is she wants to seduce — the god, my husband, or me?
And the god is even endearing: falling into a trance when I wipe him with a
            cleansing wipe.
Especially for him I bought an African palm tree scented spray
even though it wasn't necessary: his flesh smells of magic.
But still it doesn't take. It might be true that it's the laughter

(месечината ми е во овен, а деница во Камерун)
или питачот со избричена глава во подземната железница
кој нема ништо свое освен едно чешле во појасот
со кое трипати на ден ми ја чешла и расчешлува
расправата за плодноста.

scattered under granny's house that should be blamed,
the cradle among the sheep which conceived with one and only one ram
(my moon is in the sign of Aries, and my Morning Star in Cameroon),
or the beggar in the underground with his clean-shaven head
who has nothing of his own but a small comb tucked at his waist
which he uses, three times a day, to comb and untangle
my treatise on fertility.

ТЕК НА СВЕСТА

Жарот, метлата, трошките леб игнорирани од врапчињата
— се текот на свеста на оваа соба во која си го туткам животот
како шамиче за солзи. Мрсулите и онака отсекогаш ги лепев
од внатрешната страна на масата, на креветот, на љубовта.
Кога ќе се исушат телесните секрети, ќе те спуштам на земја,
крану мој 'рѓосан, гласник на апсолутната вистина:
дека Бог е полиглот. Бог се грицка себеси и така продира во
зборот Бог. Во топлотниот удар на жарот,
во крвниот притисок на метлата, во лебот се колнам:
многу ми е лесно да ги бакнувам познајниците. И речиси
се разнежувам кога некоја жена во црква ќе ме гушне во занес:
"Мила на тетка, мила на тетка!" а никогаш не сум ја видела.
Но како да го бакнам оџачарот? Како да го бакнам стеблото
на сливата што ми ја пресушија ближните, а кој друг?
Како да ги бакнам оние што ги љубев уште кога бев лилјак?
Кога летав над човештвото полевајќи го со оцет
— единствен начин да се биде слободен во слепилото.
А жеравите ми ги лижеа глуждовите, ми ги масираа стапалата
и ме месеа како тесто за божиќен колач. Кога ме пуштија во продажба,
видов дека на етикетата стои напишано: колач што ќе го спаси светот.
Важно е паричката да му се падне на Бог! Да, но како? Како, А.?
Кога би можела да ти го наполнам срцето со фил од чоколадо
и сок од праски како полнетите срца од кои забите ми чукаат
како над-срца, кога би можела да го преживеам електричниот шок
на ова триножно столче во собата со прислушкувачи,
колку би била несреќна А.! Колку би била неправедна
да те убедам дека благото е благо, а горкото — неможно
во еден толку кус живот со три можни краја: жар, метла, леб.

STREAM OF CONSCIOUSNESS

The embers, the broom, the bread-crumbs ignored by the sparrows
are the stream of consciousness of this room where I crumple my life
like a handkerchief for tears. Anyway, I have always stuck my snot
on the underside of the table, bed, or love.
When the bodily secretions have dried, I will lower you to the ground,
my corroded crane, herald of absolute truth:
God is a polyglot. God nibbles at himself thus penetrating into
the word God. By the heat stroke of the ember,
by the broom's blood pressure, by the bread I swear:
it's very easy for me to kiss acquaintances.
And I almost go soft when some woman in the church hugs me in exaltation:
"Auntie's sweetheart, auntie's sweetheart!" and I have never seen her before.
But how could I kiss the chimney sweep? How could I kiss the trunk
of the plum tree left to dry by my closest ones, and who but them?
How could I kiss the ones I loved even when I was a bat?
When I flew above humankind sprinkling them with vinegar —
the only way to be free in one's blindness.
And the storks licked my ankles, massaged my feet
and kneaded me like dough for a Christmas cake. When they put me up for sale,
I saw that the label read: the cake which will save the world.
What is important is that the coin inside it goes to God! Yes, but how? How, A.?
If I could fill your heart with chocolate filling
and peach juice, like the heart shaped honey cakes which make my teeth pulsate
like super hearts, if I could survive the electric shock
on this three legged stool inside the bugged room,
how unhappy I would be A.! How unfair I would be
to persuade you that sweet is sweet and the bitter —
impossible in so short a life with three possible endings: embers, broom, bread.

Нека тече свеста, нека ми истече умот во свадбеното мени:
"похуван мозок на традиционален начин". Традицијата е тек
на несвесноста: и затоа ако умрам, ќе умрам од смеа.
Во оваа соба? Во некоја друга? Во соба со даночна бројка?
Крану мој, да те спуштам на земја или да те оставам во небесата?

Let consciousness stream, let my mind stream into the wedding menu:
"brains in breadcrumbs traditional style."
Tradition is a stream of the unconsciousness: so if I die, I'll die of laughter.
In this room? In some other? In a room with a tax number?
My crane, shall I lower you to the ground or leave you in the heavens?

ЕВАНГЕЛИЕ ПО СЕБЕ

Како мало дете е Бог — се лути за сè и сешто,
пречувствително дете, единче
на имотни родители, но без образование:
не го запишаа на карате, ниту на часови по гитара,
не му читаат пред спиење приказни од Грим,
но затоа пак соседите им рекоа да го праќаат
на веронаука оти сега е во мода да си верник.
А тоа може малку и ќе го смири.
Секое попладне го посетува манастирското училиште,
а таму, само сестрите знаат каков белег од раѓање носи
под ланчето со крвче: аура отворена за метафизички белји,
четврта димензија што свештеникот ја нарекува
"водовртеж на неволји".
Цело време потстанува, колената го болат
од Пофалната песна на Богородица Дева,
ајде да запееме нешто повесело, како на пр.
"Hey, teacher, leave the kids alone", децата го боцкаат со моливчињата,
но сестрите се растажуваат, како да ги потсетува
на внуците од сестри им, на становите
со спална, детска, дневна соба и миризлива бања
во кои животот тече низ каблите на телевизорот,
компјутерот, хај-фај системот, видеорикордерот,
децата растат, но расте и желбата за промена на Бога
и на мажот, ако се може, за друг со покадифеста кожа.
Сестрите го испраќаат последен дома,
натпреварувајќи се во прашањата како:
"Што ќе бидеш кога ќе пораснеш и зошто?",
а тој, неранимајко, секојпат измислува нешто ново,

72

GOSPEL ACCORDING TO SELF

He is like a child, God — getting cross over this and that,
a hypersensitive child, the only son
of well-to-do parents, but with no education:
they did not send him to a karate class, nor to guitar lessons,
they did not read him to sleep with Grimms' fairy tales,
but the neighbors advised them to give him
religious instruction, since it's now become fashionable to be a believer.
Besides, that could also quiet him down a bit.
Every afternoon he goes to the monastery school
where only the nuns know the mark he's been wearing since birth
under the chain with a cross hanging on it: an aura open to metaphysical mischief,
a fourth dimension which the priest calls "a whirlpool of troubles."
He's getting up all the time, his knees hurt
from the Prayer in Praise of the Holy Mother of God.
Let us sing something more cheerful like
"Hey teacher, leave the kids alone." The children jab him with their small pencils,
but the nuns are saddened, he seems to remind them
of their nieces, of the apartments with a bedroom,
a nursery, a sitting room and a scented bathroom,
where life flows in through the cables of the TV set,
computer, stereo, VCR,
where children grow, but so does the desire for a change of God
and husband, if possible, for another with smoother skin.
The nuns send him home last,
showering him with questions like:
"What are you going to be when you grow up and why?"
and he, the brat, thinks of something new each time,
until the day when he said to them: "I know what I'm going to be.

сè дури еден ден не им рече: "Знам што ќе бидам.
Бог! За да ве имам сите!" Тогаш влезе свештеникот
и им викна на сестрите: "Што сте поцрвенеле толку?
Срамота! Цела ноќ бдение и акатист на Мајка Божја!"
Кога ќе порасне првин ќе се бара во сектите
платени од западноевропските земји,
ќе го чита Сиоран, ќе пие кефир со индиски билки,
ќе ги менува учителите за домородечки груа
пронајдени на веб-страниците за ментална култура,
сè дури еден ден, после долги патувања од себе до вечноста и назад,
не стигне на Богословскиот факултет и не рече: Скитав многу, но еве ме,
а профессорот по литургика, авангардното чудо
на источната мистика, не му посака добредојде — Дома.
Но само за кратко. Потоа ќе се сплетка со ќерката на духовникот,
актерка во аматерската трупа "Лилит",
ќе паѓа во транс на "Евангелието по Јуда"
нај, нај ин во светката литература
и нема да има мир сè дури не го напише "Евангелието по себе",
интертекст, машина за мелење на сите форми на Јас,
искушение и спас, Le Géode на утробата од слој крв слој датотека
слој месо слој социјална средина, четиридимезионална мусака
во која сите чирови ќе пукнат со вагнеровска сила.
Нема врски во издавачките куќи и театри: никој нема да го прочита
"Евангелието по себе", никој нема да го спаси генијот од она што следува:
игла и грабеж на манастири и цркви (во нив се снаоѓа уште од дете),
и ете ти го во училницата за веронаука:
сестрите се толку стари и грди што му доаѓа
сите да ги вшприца во органот за заборав,
(дури ни Бог не сака девици во години),
му иде да се расплаче, да крикне од бес и немоќ
што животот не е песна од Пинк Флојд, му текнува,

God! So as to have you all!" Then the priest came in and snapped at the nuns:
"Look at you, all flushed! Shame! A whole night's vigil and
a prayer to the Mother of God!"
When he grows up he will first try to find himself in the sects
financed by Western European countries,
he will read Cioran, he will drink kefir with Indian herbs,
he will exchange his teachers for native gurus
discovered on websites of mental culture,
until one day, after many a journey from himself to eternity and back,
he arrives at the Faculty of Theology and says:
I have wandered, but here I am,
and the professor of Liturgy, the avant-garde miracle of Eastern mysticism,
wishes him welcome — Home.
But just for a while. Then he will get involved with the clergyman's daughter,
an actress in the "Lilith" amateur theatre group,
he will fall into a trance at the "Gospel According to Judas,"
the greatest *in* in world literature, and he will have no peace of mind
until he writes "The Gospel According to Self,"
an inter-text, a machine for grinding all forms of Self,
temptation and salvation, *Le Géode* of the womb made of a layer of blood,
a layer of database, a layer of meat, a layer of social milieu,
a four-dimensional moussaka,
where all ulcers will burst with a Wagnerian force.
He has no connections in the publishing houses and theatres;
nobody is going to read the "Gospel According to Self,"
nobody is going to save the genius from what is to follow:
the needle and plunder of monasteries and churches
(he has known his way there since childhood),
and there he is, in the classroom:
the nuns are so old and ugly that he feels like injecting them all
into the organ of oblivion

им го рецитира "Евангелието по себе", им го впива во брчките,
во исштирканите бели јаки, како силикон им го вбризгува
во дојките опуштени и во раширените вени,
а тие полека се опуштаат, и по секој збор
како да се откинуваат од грчта на минатото што не било нивно,
си ги местат градите, си ги оближуваат усните,
си ги отвораат очите, сè помлади се, сè полични,
зрачат додека детето ги гледа со зината уста,
ги задева, ги скокотка под пазувите, им ги допира колената
и се смее: Бог, Бог сакам да бидам.
За да ве имам сите.

(even God doesn't like elderly virgins),
he feels like crying, like shouting out of anger and impotence
that life is not a song by Pink Floyd. He remembers,
he recites the Gospel According to Self to them, he presses it into their wrinkles,
into their starched white collars, like silicon he injects it
into their baggy breasts and varicose veins,
and they slowly relax, and after each word appear to be freeing themselves
from the cramp of the past that was not theirs,
they fix their breasts, they lick their lips, they open their eyes,
they get younger by the minute, more beautiful by the minute,
they glow as the child watches them with his mouth open,
teasing them, tickling their armpits, stroking their knees
and laughing: "God, it's God that I want to be.
So as to have you all."

ЕСТИРА И АМАН:
АМСТЕРДАМСКИ ЛЕТОПИС

Го прашувам одеше ли на театар
научи ли холандски
има ли Амстердам џебни кина
кајшто можеш и да гледаш и да бакнуваш жена,
кој поет добро се продава, колку чинат лалињата,
кога во Амстердам те фаќа носталгија, а кога паника,
визата ти истекува, а се уште не си ја посетил
Спомен-куќата на Рембрант, те молам, направи чудо за мене
— запомни го чувството пред "Аман ѝ бара прошка на Естира"
сакам да знам дали си бил тажен, бесен или полн со сила,
ги однесе ли најпосле песните во списанијата за литература,
им понуди ли на Холанѓаните вечер на македонска поезија,
кога се будиш дали се фаќаш за уво или сончогледите таму
 се огледуваат само во себе, а сепак знам
дека и јас кога би се мачкала 180 дена со миро и етерични масла
би била дури и полична од Естира, о, Аман, сигурна сум дека Амстердам
ти ги разулавел музите во мускулите, дека пишуваш само елегии,
дека метаболизмот ти станал метафизички, а метафорите непреводливи,
некој од уличните скитници мора да е наш одлеан ум и затоа пробај,
улови го духот на Амстердам во ремек-дело на венценосец.
Јас, вели, во Амстердам, работев на црно,
глава не кренав од градските канали, а гледаш,
дома се немав запрашано дали смрдат и кога се празни,
газдата кога ќе ги здогледаше инспекторите
го спушташе капакот, а под него
животот станува авангарда на апсурдно подземје,
во стравот очите се големи а музите фригидни,

ESTHER AND HAMAN: AMSTERDAM CHRONICLE

I ask him if he's going to the theatre,
if he has learned Dutch,
if Amsterdam has pocket-cinemas
where you can watch and kiss a woman at the same time,
what poet sells best, how much the tulips are,
when one gets nostalgic in Amsterdam, and when panicky
because your visa is soon expiring, and you haven't visited
Rembrandt's house, please, perform that miracle for me
— remember the feeling in front of "Haman Begging Mercy of Esther."
I want to know whether you were sad, angry or filled with energy,
did you finally send the poems to the literary magazines,
did you offer the Dutch an evening of Macedonian poetry,
when you wake up there do you reach for your ear or
do the sunflowers there
look only at themselves, and yet I know
that even if I was to anoint myself for 180 days with chrism and essential oil
I would be even prettier than Esther. Oh, Haman, I'm sure that Amsterdam
has maddened the muses in your muscles, that you write only elegies,
that your metabolism has become metaphysical,
and your metaphors untranslatable.
Some of the street tramps must be our brain-drain so do try,
hunt down the spirit of Amsterdam in a laureate's masterpiece.
I, he says, in Amsterdam I did shady jobs,
I was up to my ears in the city sewers, and you see,
at home I had never asked myself if they stank when empty,
when the boss caught sight of the inspectors
he would fix the cover in position, and under the cover

грицкав бајати земички, одлични за еден поетски организам
заробен во библиски приказни, Естира, не знам дали
навистина си била богољубива, но кога ти барав прошка
Рембрант излезе од собата, и никој не виде, никој не виде
кога си ги поднамести градите, а не е ни важно,
песните им ги рецитирам на грутките измет што наутро,
само наутро и само за миг замирисуваат на опојни тревки,
лалињата, сончогледите и другите мртви природи
немаат врска со моето лево уво, Естира, кога ќе сфатиш
дека Библијата е затворен живот, а животот лош препев?
И знам дека, ако даде Бог, газдата пред да си заминам одовде,
како што вети, да ме однесе во Спомен-куќата на Рембрант,
ништо нема да почувствувам пред нашата слика, а за вечер
на македонската поезија во Амстердам нека трча некој друг
(зошто плаќаме аташе за култура?)
Еднаш неделно ги прскам каналите со собни освежувачи
и ми иде да блујам од таа мешавина на смдеа и миризба.
Две паралелни линии никогаш нема да се допрат,
се викав Аман кога ти Естира не ми даде прошка.
А сепак, и понатаму ли мислиш дека некого го интересираат
метафорите од оазата на лирската поезија? Или, јас — венценосецот?
Работам на црно, Естира, а визата за ден-два ќе ми истече.
Ако стигнам дома жив и здрав, обеси ме за златниот венец.
И никогаш ништо нема да ти преречам.

life becomes the avant-garde of the underground absurd,
fear has big eyes and muses are frigid.
I nibbled at stale buns, excellent for a poetic organism
trapped in Biblical stories,
Esther, I don't know if you were truly pious, but when I asked you for forgiveness
Rembrandt left the room, and nobody saw, nobody saw
when you set right your breasts, not that it matters,
I recite the poems to the lumps of excrement which in the morning,
and only in the morning, and only for a moment, smell of narcotic grass,
tulips, sunflowers and other still lifes,
have nothing to do with my left ear, Esther, when are you going to understand
that the Bible is a closed life, and life a bad poetic rendition?
I know that, God willing, before I leave,
the boss will take me as he has promised to Rembrandt's house,
I will feel nothing in front of our painting, and as for the evening
of Macedonian poetry in Amsterdam, let somebody else take care of it
(what do we pay the cultural attaché for?).
Once a week I spray the sewers with air fresheners
and that mixture of stench and smell makes me feel like throwing up.
Two parallel lines will never meet.
I was called Haman when you, Esther, refused me forgiveness.
And yet, do you still think that anyone is interested
in metaphors from the oasis of lyrical poetry? Or in me — the laureate?
I do shady jobs, Esther, and my visa will expire in a day or two.
If I get home in good health and alive, hang me by the Golden Wreath.
And I will never reproach you for anything.

ЖЕНИТЕ ИСПРАЌААТ ПОЗДРАВИ

Вашата сопруга е мртва и ви испраќа поздрави.
Или е обратно?
Затоа ви помодре прво долната усна, а потоа горната.
Се молевме заедно за неа. Но истокот
се поместуваше цело време десно од нас
а јас успеав да избегам низ совеста за неа.
Можам да отворам продавница од моите гревови
и да ја намалам невработеноста во земјата
за неколку десетици женски глави.
Жените кога испраќаат поздрави воопшто не се женствени.
Тоа е миг кога тактиката попушта пред мртвата природа,
кога мислата се одбива од задникот
како од сончево тело во сенка,
жените тогаш повеќе личат на своите мајки
или на стјуардеси што повторуваат
исто апсурдно упатство за спас во несреќа,
тогаш е толку далеку зборот кој беше на почетокот.
Затоа бидете горд што вашата сопруга ќе влезе не само
во лингвистиката, реториката, а ќе биде спомнувана
и во сепостоечката феноменологја, туку и во
сите женски ревии за среќна љубовна врска.
Издивна со розови усни
(тоа нејзино турско црвило во зелена боја
што не го бришеа ни вашите бакнежи во дождовните ноќи
на Кападокија), издивна убава како бананата од мртвата природа
во спалната, издивна сосема, дури потоа, крај јамата,
со гласче тенко како порцеланската чинија
од која јадевте секоја вечер кадаиф и Улкер бисквити, шепна:
Поздравете го, поздравете го многу Бога.

82

THE WOMEN SEND THEIR REGARDS

Your wife is dead and sends her regards.
Or was it the other way round?
That's why first your lower lip turned blue, and then the upper one too.
We prayed for her together. But east kept moving to the right of us all the time
and I managed to escape through consciousness of her.
I could open a store with my sins
and reduce unemployment in the country
by some thousand women's heads.
When women send their regards they are not at all womanly.
That's a moment when tactics give in before still life,
when thought bounces off the ass
like off a solar body in shadow,
at moments like that women look more like their mothers
or like stewardesses repeating
the same absurd instructions on how to save yourself in case of an accident,
the word which was in the beginning is then so far away.
Therefore be proud that your wife will not only enter
linguistics, and rhetoric, and be mentioned in all existing phenomenology,
but also all women's magazines dealing with happy love relationships.
She breathed out through her pink lips
(that scarlet Turkish lipstick of hers, green at first
which even your kisses in the rainy nights
of Cappadocia could not wipe away),
she breathed out, beautiful as the banana in the still life,
in the bedroom, she breathed out completely, only afterwards, by the grave,
in a voice as thin as the porcelain plate
from which you ate kadaif and Ulker biscuits every night, and she whispered:
Give my regards, give my best regards to God.

83

СМРТТА НА ЛИЛЈАКОТ

Ме прескокнала бабицата во брзање кон салата за ужина,
затоа сум останала мала, а стара како зрното кафе —
здрвено купче божја волја во нејзината шолја,
таков лилјак од дете сè уште не сум видела, рекла,
а кифлата со маргарин и ајвар зјапала во јасновидката.
Од година в година сè повеќе се подмладувам,
подетинувам како теле зјапнато во шарена врата,
на кафе-паузите од меѓународен тип
сè повеќе ми е страв дека ќе ми порасне опашка,
дека ќе застрчи над мојата земја како прекар-скратеница
што залудно за именденот го раздавам ко табу-погача,
а потоа си се заривам во сопствената влакнеста аура
и си ги милувам и помилувам застрчените јаства.
О, Лајма, од коските на Јован Кронштатски не тече миро
кога се прпелкам во воздухот под сводот на олтарот
и ѕиркам во путирот со сребрена лажичка - една, а од неа
килибар полн со антибактериски богомолки потекува во илјада грла.
Во блажена состојба и јас можам околу вратот и во ушите да носам туѓи тела,
но наскоро белило ќе ги прекрие моите крилја, а опашката
ќе ми стане пиралка. Да не се провнуваа скришум жените во олтарот
денес земјата ќе беше истресена, а не потресена утроба, а јас,
да не ме прескокнеше бабицата во налудничавото кркорење на цревата,
ќе си бев висока како јарболот пред Советот на Европа.
Но, лилјакот само една смрт има: залетано зрно суво грозје
во неговата очна мисла, граѓанска мерка во тестата
од неговата западна половина. На југоисток, сувото грозје
се служи само во комбинација со леблебија, со тие чудесни зрнца
против сурогатите на дијареjата. Крилјата ми набабрија,
опашката дехидрира. Лајма, божјата волја току денес ја растворив
во Last Minute — лет: директно во смислата на папочната врвца.

84

THE DEATH OF THE BAT

The midwife skipped over me hurrying to the canteen,
that's why I've stayed small, and old like coffee grounds,
a hardened lump of God's will in her cup.
I've never seen such a bat of a child, she said,
and the bread roll with the paprika spread
stared at the clairvoyant.
Year by year I get younger and younger,
become infantile like a calf mooning at the world.
At international-style coffee breaks
I'm increasingly afraid I'll grow a tail,
that it'll stick out over my country like the abbreviated nickname
that I hand around in vain like forbidden bread on a name day,
and then I plunge into my own hairy aura
and caress and exculpate the me's that stick out.
Oh! Laima, no chrism flows from John of Kronstadt's bones
when I writhe in the air beneath the altar dome
and peep into the chalice with a silver spoon — one, and from it
amber brimming with antibacterial praying mantises flows into a thousand throats.
In a state of bliss I too can wear alien bodies round my neck and in my ears,
but white will soon cover my wings, and my tail
will become a battledore. Had women not snuck stealthily into the altar,
the earth would now be an emptied, not a shaken womb, and I — had the midwife
not skipped over me in the mad rumbling of her stomach —
I would have been as tall as the flagstaff in front of the Council of Europe.
But there's only one death for the bat: the chance flight of a raisin
into its eye's thought, a civil measure in the dough
of its western half. In the Southeast raisins are always served
with roasted chick peas, with those miraculous pulses
against the surrogates of diarrhea. My wings are swollen,
my tail dehydrated. Laima, it was just today I dissolved God's will
in a last minute flight: direct into the meaning of the umbilical cord.

НОБЕЛ ПРОТИВ НОБЕЛ

Како што седеше налактен и вдлабочен
во ЕХО снимката на нашето бесполово чедо,
му го брцнав ножот во 'рбетот
малку налево малку надесно,
(скапо го платив и тоа преку телешопинг),
но сечилово е чудесно, ни капка крв,
ни коскена срж, а ни крик не ми допре до уво.
Нема зошто да варосувам ова лето!
Гледаш колку е лесно постоењето,
а колку се тешки таваните во твојата соба!
Кога мајка ми чисти дома,
седам во ходникот на зградата и низ мене,
како низ каналот на Јакобсон,
поминуваат твоите бесмртни, фатички времиња.
Последната наука на овој век се вика логијагроба,
и-ја, и-ја, опа! Среќен си? Маж никогаш не остава
жена заради жена, туку заради мажот во себе.
Тоа се нарекува огледална структура на јачината на струјата.
Светилка од 200 w под првиот таван,
под вториот јас, под третиот фетуси на јагниња
се сушат за бундата што ќе ја сошијам сама
и ќе те нагрнам со неа во симпозиумската сала.
Те зашеметува мирисот на пасишта, на овча лој,
спиј, говорот ќе го одржам јас, ќе им кажам
дека ЕХО снимката ќе ти донесе бесполово дете,
дека 'рбетот ти е жилав, но ТВ-пазарувањето
е исплатливо зашто ножов сече сѐ: мермер,
торти и постоење на две,

NOBEL vs. NOBEL

As he sat leaning on his elbows and engrossed
in the scan picture of our still sexless child,
I poked the knife into his spine
a bit to the left, a bit to the right,
(I paid a lot for it although it was a teleshopping bargain),
but this blade is amazing, not a drop of blood,
no marrow, not even a cry reached my ear.
There's no reason for me to paint the apartment this summer!
You see how easy existence is,
and how heavy the ceiling in your room!
When my mother cleans at home,
I sit in the hall of the building and through me,
just as through Jakobson's canal,
pass your immortal, phatic tenses.
The last science of this century is called *logicamorta*,
hi-ho, hi-ho! Are you happy? A man never leaves a woman
because of a woman, but because of the man in himself.
This is called a mirror structure of electric power.
A 200 w bulb under the first ceiling;
under the second, there is me; under the third, lambs' fetuses
drying for the fur coat I'm going to sew myself,
and I'll put it over your shoulders in the symposium hall.
You're dazzled by the smell of the pastures, of mutton fat.
Sleep, I'll make the speech, I'll tell them
that the picture from the scan will bring you a sexless child,
that your spine is tough, but TV-shopping
pays off because this knife can cut everything: marble,
cakes, and existence in two,

ќе им кажам дека логијагроба е наука
за таваните во соба без светлина:
таванот се огледува во таван,
подот се огледува во своето дно. И-ја, и-ја, опа,
нема да варосувам ни ова лето.
Спиј, нека не те плаши правошмукалката на мајка ми.
Во ходникот сум, и низ мене, како низ каналот
на Јакобсон поминуваат твоите постоења идни,
референцијални. Детето ме склопчи во ќошот
и еве се раѓа. Нема ни пол ни сеќавања.
Личи на јагне. Во симпозиумската сала
ќе ти ја нагрнува бундата,
а кога ќе ги дразниш присутните:
"Што, не верувате во логијагроба?",
ќе трча меѓу редовите и ќе вика:
и-ја, и-ја, опа, јас сум доказ за последната наука.
Ќе бидам среќна. Дури и ќе се налактам блажено
како што се очекува од една мајка. Но, еве!
Ми го брцна ножот во рбетот,
а сечилото е чудесно, ни капка крв,
ни коскена срж, а ни крик не ти допре до уво.
Присутните ракоплескаат. Се гордеам со тебе,
Нобел против Нобел! А сега, одете си дома.
И бидете спокојни. Нема да варосувате ни оваа година.

I'll tell them that *logicamorta* is a science
of ceilings in a room without light:
one ceiling is mirrored in another ceiling,
the floor is mirrored in its depths. Hi-ho, hi-ho,
I won't have my home painted this summer either.
Sleep, don't let my mother's vacuum cleaner frighten you.
I'm in the hall, and your future existences, referential ones
flow through me as if through Jakobson's canal.
My child has made me curl up in the corner
and here it is, being born. It has neither sex nor memories.
It looks like a lamb. In the symposium hall
it will put the fur coat over your shoulders,
and when you start irritating the audience:
"What, you don't believe in *logicamorta*?"
it will run between the seats shouting:
Hi-ho, hi-ho, I'm proof of the latest science.
I will be happy. I'll even lean blissfully on my elbow
as a mother is expected to do. But, there!
He poked the knife into my spine,
and the blade is wonderful, not even a drop of blood,
or marrow, nor even a cry reached your ear.
Those present are applauding. I feel so proud of you.
Nobel vs. Nobel! And now, go home, all of you.
And be at peace. This year, too, you need not have the painters come.

ГРИЦКАЛКА ЗА НОКТИ

Откако по грешка сум ја зела со себе во странство
грицкалката за нокти на домашните,
ноктите им растат без контрола и нерамномерно,
незауздано им се издолжуваат прстите
и пробиваат низ чевлите и низ ракувањата со непознатите,
а соседите од ужас не ги ни прислушкуваат повеќе.
Им се јавувам од далеку и среде две викотници
сакам да ги одоброволам пеејќи им омилени новокомпонирани песни,
прошка им барам со големи мисли на малите народи,
та што се долги нокти во споредба со мојата жед по вистина,
не гледате ли веќе дека станувате бесмртни
а тоа толку тешко ви паѓа?
Грицкалката за нокти подотворена зјапа во мене од ноќната масичка,
ни таа не е задоволна со промената на средината,
ова е лудило, врескам, ќе ви ја испратам по пошта,
но тогаш сите крикнуваат, и од оваа и од онаа страна на линијата:
„Никако! Грицкалките за нокти ги запленуваат на царина!"
И сама кога преминував граница ја скрив во десната патика.
Домашните се заканија дека ќе си ги потсечат ноктите со кујнските ножици,
па што биде нека биде, ги носам на совест како гипс околу врат,
цела ноќ ги сонувам со крвави прсти и во несвест,
утредента и сама се разбудив со хемороиди
и духот ми го затна безизлез.
Клаустрофобијата е посилна меѓу запците на една грицкалка за нокти
одошто меѓу луѓето што го заборавиле Бога.
Шарениот паун врз ножето
промрморе со човечки глас:
„Животот е избор на нокти, коса и кожа,

NAIL CLIPPERS

Since I took their nail clippers abroad with me by mistake,
my family's nails have been growing out of control and unevenly,
their toes and fingers are lengthening rampantly
and breaking out through their shoes and handshakes with strangers,
and the horrified neighbors no longer try to eavesdrop.
I call them from far away wishing, between two surges of shouting,
to mollify them, singing them popular newly-written folk songs,
begging their forgiveness with the great thoughts of small nations.
So what are long nails compared with my thirst for the truth,
don't you see you're becoming immortal already?
But you take it so hard.
The nail clippers gape at me from the bedside table,
just as unhappy with the change of environment.
This is madness, I scream, I'll mail them to you,
but then they all shriek on this and that end of the line:
"No way! Customs confiscates nail clippers!"
When crossing the border, I hid them in my right sneaker.
My family threatened to cut their nails with the kitchen scissors.
No matter what, they weigh on my conscience like a plaster collar.
All night I dream of them with bleeding fingers and fainting.
The next morning I woke up with hemorrhoids,
and desperation plugged my spirit.
Claustrophobia is more powerful between a nail clipper's blades
than among people who have forgotten God.
The rainbow colored peacock on the clippers
murmured in a human voice:
"Life is the choice of nails, hair and skin,
but manicuring, that's the choice of divinity.

негата, па, избор на божјост. Цел живот ги гризаш ноктите,
ама за инает ме донесе овде. Да ме вратиш како знаеш,
ти безбожна безноктарке, или домашните да ги викнеш овде,
да си ги потсечат човечки ноктите." И дојдоа,
а мене не ме ни погледнаа, туку удобно се наместија врз постелата
и си ги сечеа, си ги обликуваа ноктите со грицкалката за нокти,
ги фрлаа на подот и задоволно му се смешкаа на паунот:
„Уште малку, и ќе си одиме дома."

You've been biting your nails all your life,
but brought me here just to spite me. Get me back.
I don't care how, you godless no-nail, or get your family here
to trim their nails like human beings." And come they did,
and never even looked at me, but settled cozily on the bed
and trimmed and manicured their nails with the clippers,
throwing the parings on the floor and smiling contentedly at the peacock:
"A little while, and we'll be going home."

НАГРАДНА ИГРА

На наградното прашање во Macedonian Times
"Што правите кога ве зафаќаат самоубиствени мисли?",
за седумдневен одмор за двајца во Охрид,
еден викенд за двајца во Дизниленд во Париз
и за уште 50 утешни награди,
добивме точно 2479 писма и дописници,
а двете главни награди
им ги доделивме на следните одговори:
„Кога ме зафаќаат самоубиствени мисли,
си ја пикам главата во садот за инхалирање
и вдишувам длабоко со ширум отворена уста
сè дури носот не се набие со ехинацеја,
а секретите не ја преживеат сопствената дијалектика,
потоа ја испивам до дно оладената мешавина
и низ животот продолжувам без слузница, но со убава мисла."
(Кузман Марковски, село Будим, Прилепско)
и
„Кога ме зафаќаат самоубиствени мисли,
обично мачката е заклучена, а компирите процветани,
Бог со мерка 90-60-90 ме тера да ја пикнам раката в цеб
во гаражата со кола за брза помош,
додека жена ми од кујната вика на цел глас:
„Слушаш ли, сакам да сум вулканизирана гума,
да ме рекламираат во Авто-берза!" За миг ми се стемнува пред очи,
но веднаш потоа ми се јавува бескрајна светлина.
Ја отклучувам мачката, а од компирите правам букет,
но жена ми веќе три дена лежи на подот во кујната
и не се помрднува

94

CONTEST

Regarding the prize question in the Macedonian Times:
"What do you do when overcome by suicidal thoughts?"
for a seven-day holiday for two in Ohrid,
a weekend for two in Disneyland in Paris
and another 50 consolation prizes,
we received precisely 2,479 postcards and letters
and awarded the first two prizes
to the following replies:

"When I am overcome by suicidal thoughts
I stick my head in the inhaler
and breathe in deeply with open mouth
until my nose is clogged with Echinacea
and the secretions experience their own dialectics,
then I drink the now cold mixture to the dregs
and carry on with my life without mucous membranes,
but with beautiful thoughts."
(Kuzman Markovski, village of Budim, near Prilep)

And:

"When I am overcome by suicidal thoughts,
usually when the cat's locked in and the potatoes are sprouting,
a 36-24-36 goddess forces me to shove my hand in my pocket
in the garage with the ambulance
while my wife screams from the kitchen at the top of her voice:
'Do you hear me!!!! I want to be a retreaded tire
advertised in the Car Mart circular!' For a moment I'm blinded with rage,
but a second later infinite light unfolds before me.

95

дури ни кога ѝ велам дека ќе ја носам во Париз кај Баба Рога.“
(Коле Стојковски, Берово)
Ние, другите, што добивме утешни награди
(маички ЏЏЛ со натпис *Животот е убав*
и приврзоци за клучеви со СОС телефонски број)
направивме Здружение на оштетени граѓани
и го претепавме уредникот на Macedonian Times.
Оттогаш повеќе не го зафати
ни самубиствена, ни убиствена мисла.
„Никогаш повеќе наградни игри!“, си рече,
„со овие, само крстозборките се сигурна работа.“

I let out the cat, and make a bouquet of sprouting potatoes,
but my wife's been lying on the kitchen floor three days
and doesn't move,
not even when I tell her I'll take her to the Old Witch in Paris."
(Kole Stoikovski, Berovo)

We, the others, who got consolation prizes,
(XXL T-shirts printed with *Life is Beautiful*
and key rings with the emergency telephone number)
formed an Association of Injured Citizens
and beat up the editor of the Macedonian Times.
Since then he has never been overcome
by suicidal or by murderous thoughts.
"No more contests!" he said to himself,
"With this lot only crosswords are safe!"

pH НЕУТРАЛНА ЗА 'РБЕТОТ

Утробата ми се скисели. Кој ќе ме увезе сега?
Им реков јас на ближните да не претераат
со гмечењето, со стискањето раце и црвени клетки
зашто не истекува само есенцијата низ прсти
туку и pH на полнотијата без последици врз празнината.
Одамна знам дека смртта е само неутрализација на животот,
слатко-кисела обвивка на мозочната длапка,
мамка за црвот што мртва ќе ме јаде само недела-две,
а жива ме грицка во секоја преобразба на задникот
и во секој негов моден додаток. Ни база ни киселина,
во последно време не само утробата,
туку и 'рбетот ми е за во музеј, отскокнува како пружина
кога го свиткувам над земјата за да ја засака како своја.
По тајни канали добив понуда да го испратам
на ликовна колонија во јужните краишта, само три недели,
убаво ќе му биде, ќе спие во ќелијата на владиката,
ќе ужива во манастирската благосостојба,
а сликари од Источна Европа ќе го пресликуваат
врз платна со бои за еднократна употреба,
испрати го, и тебе полесно ќе ти биде без 'рбет,
што се три недели за еден straight живот?
Со денови останувам сама со мојот 'рбет во бањата,
го мијам со анти-стрес гел за капење,
го тријам со ракавица од микро-влакна
и додека го плакнам со дестилирана вода pH неутрална за прешлените,
му давам совети за однесување како модел на колонија
и упатства за снаоѓање во манастирската мистика.
Потоа го завиткав во алуминиумска фолија,

pH NEUTRAL FOR THE SPINE

My womb's gone sour. Who will import me now?
I told my close ones not to overdo
the clutching, squeezing hands and red cells,
for it isn't only the essence that flows out through the fingers
but the pH of fullness too, with no consequences for the emptiness.
I've known for a long time that death is only the neutralization of life,
a sweet-and-sour lining of the brain cavity,
a bait for the worm that will eat the dead me for only a week or two,
but it nibbles me alive in every transformation of my buttocks,
and in each of its fashionable accessories. Neither alkaline nor acid,
recently not only my womb but my spine as well
is only good for the lumber room, bouncing back
like a coil spring when I bend it over
this piece of land to make it love it as its own.
I got an offer through secret channels to send it
to a painters' colony in the south, only three weeks,
it'll be fine, it'll sleep in the bishop's cell,
and enjoy the monastery's well being,
and artists from Eastern Europe will copy it
on canvas with paints to be used once only,
send it off, you'll be better off too without a spine,
what are three weeks for a straight life?
I spent days alone in the bathroom with my spine,
washing it with anti-stress bath gel,
scrubbing it with a micro-fiber glove
and rinsing it with distilled pH neutral water for vertebrae,
giving it advice on how to behave as a model in the colony
and instructions on how to cope with the monastery mystique.

го затворив во кутија од еднометарска неонка
и со "Руле Турс" (за неколку милиброди и шише медовина)
го испратив на ликовна колонија во мојата земја.
Веќе петта недела е, а мојот 'рбет никаде го нема,
црвот ми грицка од срцето, утробата ми мувлоса,
левата и десната половина од телото
ги држам прицврстени со Космодиск,
а тој сè повеќе ги неутрализира и мене ме исправа.
Дента кога ме покажаа на ТВ реклама
мојот 'рбет ми испрати порака: "Бројаница сум
што на отец Иларион му виси од џебот на мантијата,
кога врз моите прешлени се моли за седум колена наназад
мислам на твојата неутрализирана судбина
и знам, ни база си ни киселина, ни за извоз ни за увоз,
и иако беше добра за масажа и за кинеска храна
остана рН неутрална за мене,
и како 'рбет и како бројаница.

100

Then I wrapped it in aluminum foil,
put it in a meter-long neon light box
and sent it via Rule Tours (for several milk loaves and a bottle of mead)
to a painters' colony in my country.
It's the fifth week now, and there's no sign of my spine,
the worm is nibbling at my heart, my womb is growing moldy,
and I have a Cosmodisc to hold my left side and my right together,
and increasingly it neutralizes them and straightens me.
The day I appeared in a TV commercial
my spine sent me a message: "I'm a rosary
hanging from Father Ilarion's cassock pocket,
when he prays for seven generations back on my vertebrae,
I think of your neutralized destiny
and I know you're neither acid nor alkaline, neither for export nor import,
and though you were good for massage and Chinese food
you remain pH neutral to me,
both as a spine and a rosary."

ПОСТ-ПРИЗНАНИЕ

Готово, дојде денот цревата да си ги навиткам на виклери,
да се подготвам за големото признание
дека уметноста не е повеќе, а би требало пред сѐ да е масажа,
да мириса на нежен допир од кралимарковска рака
и да се лизга низ животот како етерично масло од лаванда.
Што друго да направам сега, кога во одразот од витрината со книги
можам да си ги мерам мускулите, да си ја напнувам силата,
со крем за зацврстување да си ја стврднувам душата,
а не можам да потонам во песната како во када
ако е напукната, 'рѓосана и без богата пена?
Такво време дојде, вдовецот денот на жалоста
да го помине во црни ѕиври меѓу бели чаршави
гледајќи емисија за исчезнатите диносауруси,
а јас ерата на ѕвонарки што се павтаат низ ходниците на музиката
да можам да ја наречам само културна придобивка.
Моите браќа се ретро-бегалци во new-егзилот на домот за странци,
јас сум џуџе меѓу манекенките, домашна наметка ми е вреќата за смет.
Му се обраќам на греачот во бањата со "Боже мој",
го прашувам како да продолжам низ виулицата со закоравена утроба,
со пластична вилица, со згрутчена крв. Вжарен и страстен,
ме лизнува зад увото, таму кајшто е скриено јадрото на уметноста:
"Најди си стомна за вода и стројник за муз".
Дури и во чипче да се отелотвори, Бог останува старомоден,
а уметноста — мува без глава. Сите сме си музи едни на други,
и со виклери, а без црева. Месото ми е тврдо А.,
а плотта лека како страница од Библијата.
Твојата кожа ноќе ми е седумка на Лотарија на Македонија,
американски сон на секоја балканска гајда.

POST-RECOGNITION

That's it, the day has come for me to wrap my guts in curlers,
to prepare for the great confession
that art no longer is — though it should above all be — massage,
should smell of the soft touch of a King Markovian hand
and slide through life like ethereal lavender oil.
What else can I do now, when in the glass of the book case door
I can measure my muscles, tense my strength,
harden my soul with toning cream,
but cannot sink into the poem as into a bathtub
if it's cracked, corroded and there's no rich foam?
Such times have come, when the widower will spend the day of mourning
in his long black underpants lying between white sheets
watching a program on extinct dinosaurs,
and that era of bell-bottom trousers flapping down the corridors of music
I can only call a cultural acquisition.
My brothers are retro-refugees in the new exile of the asylum-seekers' hostel.
I am a midget among the models, my housedress is a garbage bag.
I address the bathroom heater with "My God"
and ask how to go on through the blizzard with this hardened womb,
with my plastic jaw, with my curdled blood. Red hot and passionate,
he licks me behind the ear, there where the core of art is hidden:
"Find yourself a water pitcher and a go-between for a muse."
Even embodied in a micro chip, God would still be old fashioned,
and art — a headless fly. We are all muses to each other,
and we have curlers, but no guts. My flesh is hard, A.,
and my body as light as a page of the Bible.
At night your skin is my winning number in the Macedonian Lottery,
the American dream of every Balkan bagpipe.

103

Ќе си направам од неа ракавици што ќе ме милуваат дење
во фондациите за современа уметничка визија
и ќе признаам дека уметноста не е, а би требало да биде
наслада, еликсир, причест, масажа, хомеопатија.

I'll make myself gloves of it that will caress me during the day
in the foundations for modern artistic vision
and I will confess that art is not — but should be —
a delight, an elixir, communion, massage, homeopathy.

ПОЕТИКА НА ЖИВОТОТ

Не зборувам повеќе на човечки јазици. Слободна сум
како факс-порака. Читлива — нечитлива, ќе стигне
кајшто треба. Ќе пристигнам навреме
да си ги заријам колената во биндијата на печката
и ќе замириса Кришна на пица "Четири годишни времиња".
Колку долго може да издржи лилјакот во мене
да не се покаже пред гостите, сега, кога гледа и дење
(после операцијата на очната клиника Фјодоров во Москва),
а вујна ми да не ги измеша ротквичките со месото
пржено на човечка маст? Тоа е мојата омилена диета.
Савле ми рече: Нема да завршиш во рерна, но ни во каталогот на НУБ.
Мора да се заработува за да се живее!
Да? Колку работи, Боже, човек нема време дури ни да се самоубие.
Бележникот е преполн со закажани настани, сè е под контрола,
само контролорите никаде ги нема: цел ден се врворат
во супермаркетот кајшто редам шишиња со осветена вода.
Ја купуваат на големо и ја препродаваат за метафизичка слобода.
Моето време сè уште го нема. Стојам на патот и го чекам зиме-лете.
Го нема и го нема. Ни абер да прати, ни дома да се врати.
Печалбарите и кога не се враќаа, барем испраќаа ќесе со пари.
Погледнете ги овие проширени вени! А кожата портокалова кора
што нема да ја израмни ни најскапиот гел за целулит?
Вака ли се плаќа прогонството наречено поезија? Подочници
без очи, госпоѓица Погани во прегратката на Волт Дизни,
Париз што не е Париз кога не мислам на него. Утре цел ден
ќе клечам пред Речникот на религиите и ќе се молам
да му умре жената на свештеникот што ќе ме венча.
Ако веќе треба да доживеам длабока старост, барем да се прежени

THE POETICS OF LIFE

I no longer speak in human languages.
I'm free as a fax message. Legible —illegible,
it will get where it should. I'll arrive in time
to plunge my knees into the caste-mark of the stove
and Krishna will start smelling of a 'Quatro stagione' pizza.
How long can the bat in me keep
from appearing in front of the guests, now, when it can see in the daytime too
(after the operation at the Fyodorov Eye Clinic in Moscow),
without having my aunt mix the radishes with the meat
fried in human fat? That's my favorite diet.
Saul told me: you won't end up in an oven, but you won't end up
in the catalogue of the National Library either.
One must earn in order to live!
Yes? So many tasks, God, there's no time even to kill oneself.
The diary is over-full with events, everything's under control,
only the controllers are nowhere to be seen: all day long they just hang about
in the supermarket where I arrange the bottles of holy water.
They buy it wholesale and resell it for metaphysical freedom.
My time is still nowhere to be seen. Summer and winter
I stand by the road and wait for it. But still it doesn't come.
It neither sends word, nor does it return.
The migrant workers, even when they were not coming back, would at least send
a pouch of money. Look at these varicose veins!
And the skin is like orange peel,
which not even the most expensive cellulite gel will smooth!
Is this how one pays for the exile called poetry?
Circles under the eyes
without the eyes, *Mademoiselle Pogany* in the arms of Walt Disney,

со мене тој Павле што им ги замрси конците не само на Коринтјаните
туку и на вонземјаните. Како не, ќе дојде и моето време!
Високи државници го изјавија тоа. Ги извадив очилата
за да бидам сама. Кога ќе ме разберат колку ќе се смеат!
Колку ќе им бидам мила! Како добивка на лото, како признавање на името,
како свет без граници ќе им биде мојот крст! Само не знам, бебиња,
како да ви верувам дека само си играте, а нема да ми го гризнете
волшебниот прст?!

Paris that is not Paris when I don't think of it. I'll spend all day tomorrow
kneeling in front of the Dictionary of Religions and praying
that the wife of the priest who will marry me will die.
If I am to live to see old age,
I might at least have Paul, who tangled up the threads not only
of the Corinthians, but of the extraterrestrials as well, remarry me.
Surely, my time will come too!
High state officials have said that in their statements. I took off my glasses
so as to be alone. How heartily they will laugh once they understand me!
How dear I shall become to them! Like a lottery jackpot,
like the recognition of the name of my country,
like a world of no borders shall my cross be to them.
It's just that I don't know if I believe you, babies,
that all you're doing is play,
that you won't bite off my magic finger!

LIDIJA DIMKOVSKA was born in 1971 in Skopje, Macedonia. She attained a doctoral degree in Romanian literature in Bucharest. Her prizewinning debut collection *Progenies of the East* was published in 1992, and she has since written three more books of poetry (*Fire of Letters*, *Bitten Nails*, and *Nobel vs. Nobel*) and has edited an anthology of young Macedonian poets. In 2004 she published her novel *Hidden Camera*. She lives and works in Ljubljana, Slovenia.

Born in 1950 in the Republic of Macedonia, LJUBICA ARSOVSKA is editor-in-chief of the quarterly *Kulturen zivot*, the leading cultural magazine in Macedonia. She works as a professional translator with the USAID MCA. Her translations from English into Macedonian include books by Isaiah Berlin, Toni Morrison, Susan Sontag, and George Soros, among others. She has also translated the plays of Lope De Vega, Harold Pinter, Edward Albee, Tom Stoppard, and Tenessee Williams. Her translations from Macedonian into English include works by Ilija Petrushevski, Sotir Golabovski, and Dimitar Bashevski. Her translations of Macedonian poets such as Radovan Pavlovski, Gordana Mihailova Boshjakoska, Katrica Kulafkova, and Liljana Dirjan have been published in Macedonia and abroad.

PEGGY REID was born in 1939 in Ipswich, UK. After studying at Girton College in Cambridge, she took a degree in Education from the University of London. She has worked as an English teacher in England and Macedonia. She has received several prizes for her poetry and her translations, and has been honored for her work on behalf of Macedonian literature. Living and working for long stretches of time in Skopje, Peggy Reid has translated or collaboratively translated novels, plays, film scripts, short stories, and over a dozen poets as well as non-fiction articles from Macedonian. She has published several articles and reviews in both English and Macedonian journals.

Interior *typeslowly* design — Macedonian Times w/ Macedonian Helvetica titling and Minion w/ Lucida Sans titling.

Printed in a first edition of 1,000 copies by McNaughton & Gunn in Michigan, on acid free Glatfelter Natures, 50% post-consumer recycled paper.

Cover designed by Don't Look Now! and letterpress printed at the UDP workshop in Red Hook, Brooklyn.

∽

The Eastern European Poets Series from Ugly Duckling Presse has, since 2003, been dedicated to publishing the work of contemporary Eastern European poets in translation, émigré authors who write in English, and influential poets of the Eastern European avant-garde whose work is not widely available in English translation.

This book, and the series as a whole, was made possible in part by our subscribers, individual donations, and by a grant from the New York State Council on the Arts, a state agency. We are grateful to the National Endowment for the Arts for additional funding for this book.

www.uglyducklingpresse.org/eeps.html

NYSCA
New York State Council on the Arts

NATIONAL
ENDOWMENT
FOR THE ARTS